# 群文阅读 教学实践探究

夏志雄 著

吉林人民出版社

图书在版编目（CIP）数据

群文阅读教学实践探究／夏志雄著 . -- 长春：吉林
人民出版社，2023.5
ISBN 978-7-206-20052-6

Ⅰ.①群…　①夏…　Ⅱ.①阅读课–教学研究–中学
Ⅳ.①G633.332

中国国家版本馆 CIP 数据核字（2023）第 110159 号

**群文阅读教学实践探究**
QUNWEN YUEDU JIAOXUE SHIJIAN TANJIU

著　　者：夏志雄
责任编辑：孙　一　　　　　　　装帧设计：书香力扬
出版发行：吉林人民出版社（长春市人民大街 7548 号　邮政编码：130022）
印　　刷：成都兴怡包装装潢有限公司
开　　本：880mm×1230mm　1/32
印　　张：7.875　　　　　　　字　　数：190 千字
标准书号：ISBN 978-7-206-20052-6
版　　次：2023 年 5 月第 1 版　　印　　次：2023 年 5 月第 1 次印刷
定　　价：68.00 元

如发现印装质量问题，影响阅读，请与出版社联系调换

# 目 录

## 第一辑 群文阅读概述

群文阅读的界定 …………………………………………… 003

群文阅读与高阶思维关系的论述 ………………………… 008

## 第二辑 整书阅读——透视红楼

陇西方言有多少 …………………………………………… 031

《红楼梦》人物取名理趣 ………………………………… 037

《红楼梦》的八大视角 …………………………………… 041

几个疑问 …………………………………………………… 043

刘姥姥的憨态趣语 ………………………………………… 048

《红楼梦》里的魔幻手法 ………………………………… 052

怪人呆话知多少 ························ 065

三面镜子 ····························· 073

珍珠有几许 ··························· 083

人物评论 ····························· 091

比较思维训练示例 ···················· 114

批判思维训练示例 ···················· 118

综合思维训练示例 ···················· 120

## 第三辑　群书阅读——品读三国

试问谁更高 ··························· 127

漫谈三国 ····························· 132

品读三国读书报告的几个亮点 ·········· 141

历史简略与文学浪漫 ·················· 146

## 第四辑　群诗阅读——诗海漫步

群诗教学法探究 ······················ 177

诗歌"双五"教学法 ··················· 185

群诗教学设计之一 ···················· 194

群诗教学设计之二 ···················· 204

## 第五辑 群诗吟唱——谱曲填词

声声慢 …………………………………………………… 223

西江月 …………………………………………………… 224

永遇乐 …………………………………………………… 225

忆江南 …………………………………………………… 227

山花子 …………………………………………………… 228

相见欢 …………………………………………………… 229

相见欢 …………………………………………………… 230

望江南 …………………………………………………… 231

望江南 …………………………………………………… 232

浪淘沙令 ………………………………………………… 233

苏幕遮 …………………………………………………… 234

渔家傲 …………………………………………………… 235

雨霖铃 …………………………………………………… 236

念奴娇 …………………………………………………… 237

采桑子 …………………………………………………… 239

竹里馆 …………………………………………………… 240

想亲人 …………………………………………………… 241

# 第一辑

## 群文阅读概述

群文阅读教学是各种阅读教学中相对科学的一种教学，群文阅读关注阅读的丰富性、整体性和系统性，适应新教材对高中学生思维品质培养的需要，教学中具有可操作性。

群文阅读的界定，介绍群文阅读的概念，侧重教学的整体建构。

群文阅读与高阶思维关系的论述是核心，从理论到实践都有分析论述，由"问题提出""特色和创新""意义与任务""研究方法""实践调整""结果与分析""今后设想"七个层面组成。

# 群文阅读的界定

笔者从1988年开始执教语文，逐渐形成阅读和写作的习惯，从20世纪90年代开始发表文学作品，2018年、2019年整理所写作品，先后出版中短篇小说集《狼堡湾》和诗文集《乡愁哪里置放》，《狼堡湾》2021年获得定西市第五届马家窑文艺奖，2020年、2021年先后发表短篇小说《茫山儿女》《牵手》《蓝蝴蝶》等、散文《看山》《麦子黄时杏子香》《土坝托起千家万户》等，2022年出版长篇小说《云阳之舞》，多年的写作实践为阅读教学打下研究基础。笔者还一直致力于语文阅读教学法探究，关注过各种阅读教学，其中倾心群文阅读教学，实践多年，2022年省级课题《群文阅读教学中培养高中学生高阶思维能力的实践研究》结题并获评优秀。

群文阅读从2014年以来经四川教科所和树人研究院大力推行，在全国产生影响，但至今依然有不足：对文本的选用没有定型，比较随意；上课时间与内容数量冲突；小学用得多，初中少，高中更少。不过，正因为有待完善，群文阅读才有发展潜力。小学初中，群文阅读对学生思维能力的培养还是初始的、低层次的，群文阅读下对高中生高阶思维培养前景看好。为此，笔者对群文阅读在本书中做了梳理，进一步进行了理论和实践探讨，取得了一定的研究成果。

群文阅读围绕一个或多个话题进行，群文的"文"，并不只限于文章，而指群文本。群文阅读可细化为群诗阅读、群文章阅读、群诗文阅读、整本书阅读、群书阅读。通过延伸阅读，比较赏析，归纳出规律性的认知，能很好地培养高中生的高阶思维能力。

## 一、群诗阅读

群诗可以是纯粹的古体诗、现代诗（包括中国外国诗），或者古体诗和现代诗结合；也可以是古体诗、对古体诗改造的现代诗或者对古体诗赏析的现代诗，具体如下：

1. 同一诗人的一系列诗歌。比如陶渊明的田园诗、饮酒诗，李煜的亡国感伤诗，李清照的前期诗、后期落魄诗（也有婉约的和豪放的），辛弃疾的爱国词、闲适词，苏轼的豪放和婉约词，徐志摩的代表诗，余光中的思乡诗，席慕容、艾青的抒情诗，贺敬之、郭小川的礼赞诗，普希金、拜伦的抒情诗歌，等等。

2. 不同作者的相关诗歌。比如陶渊明的田园诗、谢灵运的山水诗和王维的山水田园诗，王维、孟浩然、刘眘虚的山水田园诗，苏轼、辛弃疾的豪放词，李璟李煜父子的家国诗，李清照、柳永、纳兰性德的婉约词，白居易、韩愈、李贺、李白、苏轼的音乐描写诗，张若虚、李白、苏轼的怀人月亮诗，王之涣、王昌龄、杜甫的边塞诗，王勃、王维、李白等的送别诗，刘禹锡、刘长卿、杜牧的贬谪诗，传递红色精神的长征组歌、讴歌父母荡漾亲情的歌词，等等。

## 二、群文章阅读

群文章阅读主要有两种格式。

1. 同一作者的文章。比如韩愈的经典文章，柳宗元的永州之记，欧阳修的贬谪之记，范仲淹的精品散文，苏轼的前后《赤壁赋》。指导学生分别阅读苏洵、苏辙、贾谊的政论文章，梁启超、梁实秋、朱自清、魏巍、杨朔、贾平凹、王安忆、陈忠实、毕淑敏、莫言这些大家的散文，鲁迅的散文、小说，汪曾祺的散文、小说，路遥的短篇小说等名家作品。

2. 不同作者的相关文章。如写乡愁的系列文章，赞美祖国山河的文章，对某一历史人物评论的文章，对现实热点分析评述的文章，还有教材配套资料里的名作、学生同一题目不同写法的优秀作文等。

## 三、群诗文阅读

这一阅读是把诗歌和文章结合，或者是一首诗歌和有关的赏析评论文章，或者是同一话题下的多首诗歌、多篇文章等等，选取要灵活，根据议题确定。

## 四、群书阅读

1. 整本书阅读。比如《论语》《乡土中国》《野草》《朝花夕拾》《呐喊》《红岩》《家》《围城》《浮躁》《沉重的翅膀》《白鹿原》《最后一个匈奴》《蛙》《檀香刑》《额尔古纳河右岸》《边城》，余秋雨的散文集《文化苦旅》《千年一叹》《寻觅中华》，以及 20 世纪 80 年代全国获奖小说等中国名著。《红与黑》《简爱》《复活》《巴黎圣母院》《百年孤独》《廊桥遗梦》《吉檀迦利》《雪国》《老人与海》《热爱生命》《野性的呼唤》《羊脂球》《茶花女》等外国名著。

2. 群书阅读。《史记》《红楼梦》《三国演义》《三国志》《平凡的世界》《红高粱》系列作品，《悲惨世界》《安娜卡列尼娜》《静静的顿河》《战争与和平》《乱世佳人》《约翰克里斯朵夫》等中外经典。

群书阅读以问题指导阅读，比如"探究《红楼梦》中王熙凤的整体形象""《红楼梦》里梦有多少""现代人对薛宝钗和林黛玉的接受度探究""刘姥姥二进荣国府的意趣""《红楼梦》里的魔幻手法""由《红楼梦》和《百年孤独》看东西方魔幻手法""《家》中《红楼梦》的影子""《红楼梦》和《三国演义》人物描写对比""《三国志》的真实简约和《三国演义》的虚构浪漫""《红楼梦》《平凡世界》的父子（贾政与宝玉和孙玉厚与孙少平）情感分析""《红楼梦》里的薛蟠和《平凡世界》里的王满银比较""孙少平和贾宝玉的女性缘""贾宝玉和甄宝玉比较""贾宝玉和秦钟的缘分""王熙凤和夏金桂比较""王熙凤和尤二姐比较""林黛玉和晴雯比较""林黛玉和妙玉比较""《边城》的爷爷和《红楼梦》的刘姥姥，你佩服哪个？""《边城》和《老人与海》中的老人，哪个更有个性？""孔乙己和阿 Q 哪个更值得同情？""华子良和阿 Q 的革命性""《巴黎圣母院》的敲钟人和《围城》的李梅亭写法透视""《蛙》和《檀香刑》的文化隐喻""羊脂球和茶花女的精神世界"。还可与学生讨论共同提出很多具有价值的问题，此处不再一一赘述。

群文阅读的活动实施。全面规划，依照程序展开，渗透到学习生活与课外生活；诗歌、文章由老师给学生复印配发，名著读本是人民文学出版社等正规出版社的，由学生网上自行购买。阅读安排：除了课堂，全级每天固定时间统一阅读十分钟；全级每周安排两节阅读课集中阅读名著；每个假期安排读一部名著，并且写 2000 字以上的评论文章，返校后小组合作做课件，进行全班、全级乃至全校的读书报告交流会，曾尝试多次，效果很好。

群文阅读的最大优势是教学具有专题性，内容达到多面化，使学生有立体思维，是传统单篇阅读无法相比的。群文阅读，能养成学生的自觉习惯阅读，调整观察角度，加大思考深度、精度，指导学生从中发现问题，全面分析、解决问题，提高鉴别能力、研究能力，形成理论体系，同时为学生终身阅读学习做铺垫。

总之，改革阅读教学，培养学生阅读兴趣，在扩大学生知识面的同时，还提升了学生的思维品质。群文阅读是对传统阅读教学的修正和部分颠覆，是开启高中学生高阶思维大门的一把金钥匙，也是培养尖端人才为实现中国梦助力的积极举措。为此，确立群文阅读的总体框架，全面开展群文阅读，具有长远意义和现实操作性。

《群文阅读教学实践探究》一书，主要针对群文阅读和高阶思维的关系、群诗阅读、整本书阅读和群书阅读四个层面分析总结。群诗阅读有教学方法的归纳，有群诗阅读教学案例，还有群诗吟唱，其中附有十几支笔者对古诗的配曲——是一个亮点。整本书阅读是对《红楼梦》（前八十回）一些难点的引导；群书阅读有对《红楼梦》和《三国演义》的比较，但主要是对《三国演义》和《三国志》内容的参照对比，培养学生的比较阅读能力、综合分析判断能力和批判思辨能力。

# 群文阅读与高阶思维关系的论述

## 一、问题的提出

### （一）研究背景

群文阅读是群文阅读教学的简称，是一种具有突破性的阅读教学实践。群文阅读就是师生围绕着一个或多个议题选择一组文本，师生围绕议题进行阅读和整体建构，最终达成共识的过程。

高阶思维是一种高级思维，是指发生在较高认知水平层次上的心智活动或认知能力。它在教学目标分类中表现为分析、综合、评价和创造。

高阶思维是高阶能力的核心，主要指创新能力、问题求解能力、决策能力和批判性思维能力。高阶思维能力集中体现了知识时代对人才素质提出的新要求，是适应知识时代发展的关键能力。

人才培养和储备关乎中华民族的繁荣和昌盛，关乎中华民族的伟大复兴。当今世界，文化多元化，经济全球化，教育全球化，竞争空前激烈，呈现多维度性和深层性样式。而国与国之间的竞争充分表现在人才的竞争上，第二次世界大战后，美国、苏联充分认识到人才的重要性，极力从世界各国吸引人才，特别从德国挖走了好多人才。二战后的几十年，世界发达国家对人才的培养和引进都很重视，人才助力了其技术创新、经济发展和国家实力。拥有人才数量和质量是当今大国竞争的核心，要在竞争中取胜，培养创新人才是关键，而创新人才的培养离不开学校教育，语文教学又是学校教育基础的基础，语文教学的重头戏是阅读教学。对阅读教学，世界各国的教育主管部门普遍重视中小学语文阅读教学。语文历来是工具学科、基础学科，终身阅读的习惯和阅读能力的提高对科研能力至关重要，关系到人才可持续发展和民族的发展前景。

**（二）发现问题**

在多年的阅读教学中存在诸多误区，表现在一下几个方面：

急功近利，意识落后。在教学上多年存在重分数、不重思维、不重能力的现象，不论小学还是中学，由于升学压力，评价的"铁标准"是成绩，是应试能力；家长也看重的是学习成绩、排名名次。学校对学生反复测试、机械训练，家长在课后也让孩子上补习班，加班加点刷理科和英语试卷，对学生缺少阅读能力和人文精神素养培养，导致学生呆板、被动，没有思想，没有创新。

重视不够，时间不足。我们中华文化博大精深，经典丰富，母语教育应是学校教育的核心，但学校对语文教学，尤其是阅读教学，一直重视不够。师资不足，非专业人员上语文课的情况普遍存在，所教学生书写不达标，阅读能力普遍差；语文时间分配不够，初高中阶段尤甚；中小学专门的阅读课没有或者不足，学生没养成阅读习惯，阅读量的积累欠缺；班与班之间、校与校之间偏差大。

方式单一，不成系统。阅读没有规划，内容没有承继，操作随意，没形成体系；阅读不注重坚持，成为课堂填空；缺乏专门教材，阅读零碎，质量欠佳。教师不能自主为学生订购经典读物，而学生自己买的杂志，五花八门，普遍水准不高。

**（三）研究现状及分析**

在国内，2019 年于泽元、王雁玲、黄利梅对群文阅读有了新的论述，确认了其概念，于泽元教授、特级教师易晓等人多次做了理论讲座和课堂实操示范。国内专家对中小学阅读教学的改革进行了积极探索，提出了群文阅读的思想，给阅读教学吹进新鲜气息。从 2019 年到 2022 年，甘肃省在省教科所的指导下，采用引进来走出去的方式，在全省各市县开展多场群文阅读现场教学研讨活动，群文阅读在全省普遍开展，大量实践，取得长足发展，并组织人员编写了《1+X 群文阅读教材》。

目前受高考的冲击，群文阅读用得还不多，说明群文阅读很有发展潜力，群文阅读下对高中生高阶思维的培养很有发展前景，尤其是对群文阅读下群文写作研究很有空间和价值。

## 二、研究的特色和创新

1. 形成系统，整体教学。

高中三年整体构架、设定阅读顺序，循序渐进；依托单元内容，打破单一，课内外结合，现代诗与古代诗结合（群诗阅读）、诗歌与文章结合、中外名作结合（群文章阅读）。

2. 依托议题，扩展阅读。

选择阅读内容依托议题，可以是一个议题或多个议题，如"劳动价值""责任担当""青春筑梦""家国情怀""文明反思""文化碰撞""创业奉献""拼搏追求"等，一节课可以围绕一个或多个议题，几节课可以围绕一个或多个议题，实行大单元教学设计，根据实际灵活选择，不搞一刀切。

3. 依托教材，系列阅读。

根据教材课文，寻找相关系列文本，拓展课文内容，或者布置整书阅读、群书阅读，让学生具备研究性学习意识，比较熟练地掌握群文对比阅读和群书对比鉴赏之法。

4. 教师示范，群文写作。

教师主动下水示范，引导学生不怕作文、热爱作文，积极参赛，引导学生写小论文、研究报告，参加交流读书报告等。

综上所述，明确该研究是开拓高中学生的思维、提升语文素养的有效抓手。

## 三、研究的意义与任务

研究意义：高中生充满朝气和生命力，是祖国的未来，民族的希望；是建设祖国的强大后援，是提高中华民族竞争力的生力军。中学生人格的形成，思维品质的提高，创新思维的形成，与高中阶段受的教育关系密切；他们对信息的提取与整合能力，对纷繁现象的研究能力，与群文阅读有很大的关系。纵观语文阅读，已经出现的阅读方法很多，比如海量阅读、快餐阅读、零散阅读、对比阅读、浅阅读、深阅读等，这些方法有优点，也有明显不足，比如无序性、片面性、跳跃性。群文阅读在一定"议题"（或一个议题，或多个议题）下组织阅读，阅读围绕中心议题，层次清晰，内容充实，有点的深入有面的扩展，操作方便。强化群文阅读，是培养高中学生高阶思维能力、提升高阶思维能力的有效载体，有重要的实际意义。

1. 阅读拥有有效性，实现阅读自主化。多年以来，语文是高中学生最不喜欢的科目之一，上课不投入，被动接受，所以培养高中生阅读兴趣极为重要。目前利用群文，是培养阅读兴趣的一个切实办法，选择贴近生活贴近学生兴趣的文本，由浅入深，由少到多，把学生引入阅读，养成自主阅读性，培养终身阅读习惯，使其拥有书卷之气，从而推动全民阅读，改变当前的功利浮躁、轻视知识的状态。

2. 阅读拥有整体性，去掉思维碎片化。传统的阅读是单篇阅读，反复关注一篇文本，解读一篇文本，关注局部，见木不见林，见石不见山，把文本切割得支离破碎，没有放在大系统内，让学生掌握的是细碎的知识，不注意培养学生分析、综合能力。

3. 阅读拥有开放性，矫正思维定式化。群文阅读，选文本灵活，或者同一个议题下阅读几篇文章，或者不同议题下关注几篇文章，或者一系列书的比较阅读，培养学生多维度、多层次阅读，求同求异，培养发散思维，质疑传统观点，培养批判思维，进一步具有创新思维。

4. 阅读拥有深刻性，催发思维创新化。传统的阅读文本，或内容陈旧或范围狭窄，让学生一叶障目，不见泰山，打不开思维的窗口。群文阅读让学生思想有更多的驰骋空间，激活学生的思辨，使思维有立体感，有指向性，拥有专题研究的意识，提升创造性思维。

5. 阅读拥有时效性，提高语文素养。阅读量上不去，学生看文本很慢，尤其是诗歌与文言。训练绝对能提高速度，让学生博览众文，自由识文尚美，提高内在修养，提升语文核心素养。

6. 阅读拥有写作性，提高美学素养。语文教学的最高境界是自由的精神写作，而一文多写，或者多文多写，是高中生高阶思维的集中体现，是对赏析美文和鉴赏美的最大提升。

研究任务：

1. 为培养高中学生阅读能力提供参考；

2. 为学校和全县的阅读教学提供可操作的实践经验；

3. 为高中语文阅读教学改革提供可借鉴的经验与案例。

## 四、研究的方法

1. 实践研究法：围绕总体目标，对开展的群文教学活动进行研究、评估、调整、完善、推进，并在活动中精细化。

2. 对比研究法：分阶段纵向比较，比较实施群文阅读前后的效果，横向比较实验班级和对比班级的差距，从中分析问题、解决问题，上升到理论总结，指导阅读实践，提升学生思维品质。

3. 问卷调查法：不定期设计题目，让师生如实填写，分析数据，寻找切实答案。

4. 个案研究法：针对尖子生规划阅读目标，确定阅读内容，总结阅读经验；针对学困生进行个别谈话、个别辅导，提高对阅读的适应能力，对文本的研读能力。

5. 总结研究法：对各阶段的研究经验及时总结，对研究中搜集到的材料进行定量和定性分析，总结出具有普遍意义和推广价值的理论和方法。

6. 调查研究法：通过问卷调查、个别谈话、座谈等方式，了解学生的阅读情况、阅读兴趣，收集师生对群文阅读建议，以便提高阅读能力，发展学生的思维深度。

7. 音像记录法：按照计划有针对地开展活动，并以文字、图片、音像等形式记录师生的上课和学生的阅读活动，为实验成果总结提供资料。

## 五、根据学生问卷调查的调整

1. 优化课堂，把握节奏。

喜欢群文阅读的学生基础好、学习自觉，有良好的阅读习惯，知识储备扎实；习惯单篇阅读的学生基础薄弱，阅读能力较差，阅读速度较慢，视野狭窄，过多关注眼前的答题。为此，不求速度取胜，教学中适度放慢速度，内容短而简单地运用群文阅读，内容复杂的以单篇为中心，适度扩展，关于赏析运用群文对比，记忆就用单篇，也就是以群文阅读为主，以单篇阅读为辅，达到二者兼顾。

2. 关注细节，精讲难点。

根据群文阅读涉及内容多，课堂出现放电影式的肤泛，在教学中做好量的把握，不追求数量，重在质量，做到自学和讲授的平衡，循序渐进，有序推进，既关注整体，又注意局部，做好细节，突破重点难点。

3. 精选内容，分层教学。

围绕议题和文本内容，准确精选阅读内容，有古代和现代结合、读写结合的意识，做到学有所练，给学生留下深刻记忆。根据阅读能力不平衡的情况，课堂实行分层阅读，满足不同学生的求知欲。总之，灵活是群文教学的生命。

4. 变换形式，增加投影。

适应学生的需求，教学中加大多媒体运用力度，插入视频音乐，进一步活跃课堂，解决以听为主出现的听觉疲劳现象，打造科学有效的课堂。

5. 课堂课外，读写结合。

班与班之间存在阅读不平衡，阅读课有流于形式的问题。一个原因是假期布置阅读书目太多，学生看不完，个别学生根本没认真看，返校后教师没有集中评析总结，使假期阅读名著没落实到位。另一个原因是每周的阅读课没落实，有时弄成了习题课。为此，教师加大了对班级阅读名著的指导，班级之间的差距有所缩小。总结学生的问卷调查发现差距依然存在，表现在对问卷问题三的回答质量上。从高一一开始阅读课抓得好的一个班的回答质量明显比另一个班质量高。

# 六、研究的结果与分析

群文阅读不仅能够培养高中生的高阶思维，而且可以提高他们的高阶思维，让学生拥有思维的对比性、深刻性、批判性、创造性等。多年的具体研究，证明了这一点。

## （一）群文阅读提升高中生高阶思维的原因分析

高阶思维指发生在较高认知水平层次上的心智活动或认知能力。理查德·格里格和菲利普·津巴多在《心理学和生活》中指出："认知指的是知识表征和加工所涉及的心理活动，如思维、记忆、知觉和语言的运用。"布鲁姆认为认知水平有"识记、理解、应用、分析、评价和创造"六个层次。识记、理解、应用是低阶思维，分析、评价和创造为高阶思维。心智活动，是指人脑内部的一种认知活动，是一种心理活动，不理解心智过程，就无法理解主体行为。认知能力即智力，如观察力、记忆力、想象力、思维力等，抽象思维能力是智力的核心，创造力是智力的最高表现，创造力的核心是创造性思维能力。认知能力亦称"认识能力"，指学习、研究、理解、概括、分析的能力；从信息加工观点来看，即人脑接受、加工、贮存、应用和提取信息的能力，人们认识客观世界，获得各种各样的知识，主要依赖于人的认知能力，认知能力是人成功完成活动最重要的心理条件。

群文阅读依托文本议题，根据高中学生的心理特征，培养他们的思维，训练他们的思考能力，是一种系统的阅读教学，超越了以往阅读的碎片化、零散性和非整体性，具有很强的比较性、综合性，能够激活高中生的思维潜力，提高他们的高阶思维。

1. 群文阅读提升高阶思维的外在原因

（1）"三新"是提高高阶思维的理论基础。"三新"指新课标、新教材、新高考。《普通高级中学语文新课程标准》（2017版）要求学生"增强思维的深刻性、敏捷性、灵活性、批判性和独创性"；人教版新教材单元围绕议题编排，所选课文篇幅长，内容跨度大，难度明显加大，并安排了《乡土中国》《红楼梦》《平凡世界》等整本书阅读，用传统的单篇阅读法教，课时不够，难点和重点难以突破，教学缺乏深度和立体感，阅读任务完成困难；高考要为普通大学输送合格学生，为一流大学输送尖子学生，选拔是重要目标，新高考语文试题的诗歌鉴赏、文学文本阅读、作文写作明显具有灵活性、开放性、深刻性，而且高考不论文科试题还是理科试题阅读材料加大，都强调考查学生的知识运用能力、分析综合能力，信息提取能力。

以上几个方面的要求正是群文阅读关注的范围，理查德·格里格说"一个具有批判性的思考者要超越已有的信息，发掘隐藏在光鲜外表下的真正内涵，以理解事物的本质为目标，而不被形式和表象迷惑。""批判性思维的一个重要作用是，如何将你所学的新知识运用到现实生活中重要的任务上。"群文阅读着眼于培养高中学生的多维思维，立足认知的分析、评价和创造三个层次，激发学生思考的积极性，整合各种信息，尽最大可能培养学生由表面到深入实现思考的比较性、批判性、创新性。

（2）阅读改革是提高高阶思维的实践基础。

面对出现的各种阅读教学，笔者进行了比照梳理研究，积极进行阅读教学改革，转变意识，从思想上接受了群文阅读，从理论上系统学习了群文阅读，主动在教学上实施，合作探究，深入比较，去发现问题、解决问题、积累方法、总结经验，经过大量的实践，形成了成熟的行之有效的阅读教学方法，提高了所教班级学生的高阶思维，并且正由点到面地推动陇西一中语文组全面进入群文阅读教学。群文阅读为提高高中生的高阶思维提供了现实的实践基础。

2. 群文阅读提升高阶思维的内在原因

高中生的身心特征，是群文阅读提高高阶思维的抓手。高中是教育的黄金阶段，学生是教学的主体，高中学生较初中学生变化很大，具有较强的自主意识，自我意识增强，初步具有独立思维能力，高中生有意注意已占主要地位，注意稳定性发展，注意广度已达到成人的水平；高中生有意记忆也占主导地位，理解记忆（意义记忆）为主要识记方法，抽象记忆占优势，高中阶段是人的记忆力发展的最佳时期，高中生的记忆力已达到新的成熟阶段；高中生学习内容复杂，观察力的发展具有新的特点，持久性明显发展、精确性提高、稳定性更强，高中学生观察的水平不断提高，更富有目的性和系统性，观察事物时比以前更全面、更深刻，他们能发现事物的一些主要细节和事物的本质方面。

高中生注意、记忆、观察为高阶思维发展提供了基础。高中学生认知结构的完整体系逐渐形成，认知能力不断完善，思维能力更加成熟，基本形成了向理论的转化，抽象思维占了优势地位，自觉性明显增强，思维的目的性、方向性更加明确，思维过程简缩，思维更加敏捷，辩证思维和创造性思维有了很大发展。高中生想象能力迅速发展，有意想象迅速发展、想象的创造性水平逐步提高，创造性想象日益占优势，想象的现实性增强，敏感性、独创性、流畅性、灵活性、精确性和变通性是典型的创造性思维所具备的基本特征，其中尤以流畅性、变通性和独创性为主。创造思维是思维活动的一种高级思维形态，它是思维个体在能接纳和容忍不同意见的意识环境下，结合敏捷、变通、独创和流畅等思维特性去展现思考的一种过程。独创性是创造性思维最本质的特征，高中生的独创性有了明显的发展。然而要特别说明的是，创造性思维是高阶思维的核心，高阶思维的获得依赖于较高层次的阅读能力，没有科学有序的规范训练，学生很难拥有求异思维，很难走向创造思维。然而高中生创造性思维能力发展的一般趋势是随年级升高而增强，发散思维具有不同的发展速度——流畅性较易，发展速度较快；变通性较难，发展较慢；独创性难度最大，发展最慢；创造性思维的发展具有明显的个别差异。因此，依照高中生身心的阶段性发展和个体差异性特点，在阅读教学中对群文阅读进行分层次的量化教学，有望能很好地对高中生的高阶思维进行培养和提高。

高中阶段十分重要，对学生的人生成长形成重要的影响，阅读教学对高中生引导得好，对他们及未来思维的深刻性和批判性发展有很大帮助。深刻性和批判性是思维品质的重要方面，从思维品质入手，是提高高中生思维能力的重要途径。从总体来讲，高中生的认知发展已接近成人的水平。他们精力旺盛，思想敏锐、能言善辩，反应迅速，能够用发展的眼光看问题。但毕竟还未完全成熟，在对他们进行培养时，要结合认知水平层次和心智发展的特点，引导他们正确看待自己。群文阅读有利于培养学生思维的灵活性、全面性、深刻性，用开放式教学、系统性教学，教给他们思考的角度和方法，培养良好的思维品质，鼓励学生不盲从，积极探究事物的本质，大胆发表自己的见解，适度怀疑、争论，辩证思索，忌走极端，克服思维发展中的主观性、片面性，开阔其视野，促进思维的进一步成熟。

总之，高中生相对于初中生的认知水平层次、心智活动特点、认知能力变化为群文阅读提升高阶思维提供了坚实的"物质"基础，是提高高中生高阶思维最重要的因素——内部原因。

**（二）群文阅读如何提升高中生高阶思维的分析**

群文阅读要体现在具体教学实践中，群文阅读的效果以及与高阶思维的有机联系，最终要通过教学验证，实践是群文阅读的主阵地，下面就针对群文阅读取得的成果和方法进行分析。

1. 教学中规范引导

（1）宏观把握，提高了学生的综合思维能力。

钱梦龙先生说："语文教学对传统文化的继承和发展是最有代表性的学科，是母语教学，它是源、是根、是魂、是传统文化的魂。"如何在教学中传播中华优秀传统文化，利用优秀传统文化知识来激活语文课堂，激发学生对优秀传统文化的兴趣，成了新时期摆在语文教师面前的重要课题，而群文阅读正是解决这一课题的有效教法。笔者把群文阅读的思想大胆引入作品的赏析。比如，根据杜甫漫游时期、困居长安、西南流浪，客死破船的人生轨迹，学习他的系列作品，让学生真正知其全人，知其全诗，形成整体思维。比如，讲李白，抓取他蜀中漫游、湖北漫游、吴中漫游、山东漫游、长安受挫、再度漫游的多个节点，研究其作品，系统理解他诗歌的精神。再如，根据李煜的帝王生活和阶下囚生活，系统介绍他的经典作品，让学生深入作者心灵；走近王维，明确安史之乱对王维思想和诗歌的影响；洞悉李清照，分析少女时代和晚年时代对她作品的影响，等等。指导学生尽最大可能依据作家的成长过程探究其作品，分析性格变化、家庭变化、社会变化对写作思想、写作风格的影响，这种专题式学习，具有宏观把握的特点，能让学生在有限时间了解更多作品，着眼于学生综合思维能力的培养与提高，很有效果。

（2）依据议题，提高了学生的比较思维能力。

在一个议题下，把作品归类处理，带入课堂，让学生比较阅读。比如，把不同作家的"月亮诗"作为一个系列指导学生学习，把屈原的"爱国诗"放在一起比较阅读，把南宋十大爱国诗人的代表作品放在一起探究，把表现战争的中外作品归类阅读，把女性男性的伤春诗或悲秋诗进行赏析，把虞世南、王冕、李纲、臧克家、毛泽东、陈毅等人的咏物诗对比学习，等等。对于戏剧，把《窦娥冤》《雷雨》和《哈姆雷特》的悲剧性进行比较研读。这种探究学习，目标明确，主旨清楚，是培养高中生拥有比较思维提高对比鉴赏能力的有效方法。

在多个议题下研究不同的作品。例如，柳永的《望海潮》写于应举之前，是投赠之作，希望得到地方长官的引荐，故而赞美杭州，奉承长官，写得豪放高昂；《鹤冲天》写于应举落第之后，属于愤激之辞，悲怜自己的命运，写得悲愤孤傲；《雨霖铃》写于仕途失意、四处漂泊之时，属于羁旅行役之作，慨叹人生无常，写得伤感哀婉。柳永的词并非全是婉约词，他的词风也不是一成不变的，不同时期的人生际遇决定了柳永的词风。同理，对苏轼、辛弃疾和李清照三人的诗词比较发现：一个词人的词风也不是固定的，不同的时期、不同的处境、不同的心情，词风不同，苏轼和辛弃疾也有婉约之作，李清照有"生当作人杰，死亦为鬼雄"的豪放之作；再看王维有禅意之作，也有剑气之作。研究得出结论，不同的作家可以有相同的风格，同一作家可以有不同的风格。群文阅读多议题比较学习，改变着学生的阅读习惯和思考方式，使学生的比较思维大有广度。

2. 阅读中主动强化

（1）阅读提高修养，提高了学生的思维深度。

对现代文、文言文传统的教法是"井水不犯河水"，而群文阅读中依照议题把两种作品放在一起，课堂别开生面。比如把具有奉献精神的现代人物传记和古代为民为国的清官传记同时拿来，让学生深入了解：这些人物虽然生活时代不同，但是有共同的道德观、价值观，今人古人都可以有同样的初心。对现代诗和古代诗歌，笔者也尝试了这种阅读法。这种教法既让学生提高了文言素养，又让学生明白我们的文化源远流长，应该充分挖掘古典文化，古为今用。

《普通高中语文课程标准》中指出："高中语文课程……使学生形成良好的思想道德素质和科学文化素质，为终身学习和有个性的发展奠定基础。""通过阅读和思考树立积极向上的人生理想，增强为民族振兴而努力的使命感和社会责任感。"实现中华民族伟大复兴，首先要实现文化复兴，实现文化复兴关键在于人。但当代中学生普遍对优秀传统文化冷漠，道德文化缺失，自私自利，人生价值取向偏离。学习民族经典就是为国育人、为未来育人，经典可以修身养性，开慧益智，从中汲取精神营养，提高人的整体素质。引导学生阅读古今经典，才可以守正与创新。曹丕在《典论·论文》中说："文章经国之大业，不朽之盛事。"阅读经典，可以重塑学生人格，让学生拥有博大的心胸、高远的理想，提高思维的深度。

（2）阅读塑造心智，让学生思维变得敏捷。

阅读光凭课堂远远不够，在课堂上介绍经典书目、介绍阅读方法，引导学生课外热爱阅读，把阅读视为生命的一部分，成为一种自觉的习惯；在阅读中，训练学生敏锐地提取信息的能力。得阅读的民族赢得天下，以色列、日本、德国的科技强大与全民阅读的普及高不无关联。群文阅读就是培养学生为国阅读的习惯，培养学生阅读的敏锐性。为此，做法如下：

早自习，规定25分钟让学生朗读《唐诗素描》《宋词素描》里的三首诗歌和三篇赏析美文，提高学生对诗句和亮色语言的记忆能力、感悟能力。

晚自习，规定10分钟阅读学生的优秀作文集《春雷绽放》或教师的范文，每天三篇。阅读师生的文章，学生更感兴趣，对学生的带动性更大。

每周的阅读课上，指导学生分别阅读《三国演义》《红楼梦》《平凡世界》相关章节。

周末和假期，阅读中外名著，比如《边城》《额尔古纳河右岸》《老人与海》《简·爱》《野性的呼唤》《悲惨世界》《基督山伯爵》等小说，还有现当代著名作家余秋雨、毕淑敏等的抒情美文。

高一、高二分别组织"品读三国""品读红楼"的读书报告会，笔者给学生做了《漫谈三国》的演讲，强化了整部书阅读效果，还召开不同名著中人物对比的读书报告会，强化了群书阅读活动。

总之，倡导群书阅读，传承中外名著；品赏古典诗文的哲理美、音韵美、语言美、情感美，传承文化精神；让群文阅读成为学生的自觉习惯，化为提升学生文学素质的精神血脉，成为校园的特色，成为学校的风景；着眼学生心智，培养学生的情商，在群文阅读中丰富学生的精神世界，以经典作品塑造学生的心性品格，形成健全人格，让高中学生的思维具有强大的灵活性。

（3）诵读浸润心灵，让学生拥有多元思维。

子曰："知之者不如好之者，好之者不如乐知者。"可见是否"乐学"是极为重要的。所以，教师经常向学生推荐系列经典视听材料，可让学生有更多的机会接触多元文化，让学生通过大量诵读把握优秀传统文化的真谛，实现与贤哲进行精神的对话、心灵的沟通。

阅读教学应该注重对学生人文素质的培养，诵读群文是陶冶学生情操、丰富学生情感世界、唤醒心智与灵魂、促进生命成长的过程。诵读群文可以改变人的气质，增强学生优秀传统文化底蕴，教会学生学会做人。儒家的厚德载物、刚正不阿、诚信仁爱、尊师重道，道家的顺应自然、淡泊名利、虚怀若谷，佛学的宠辱不惊、进退从容、自然清静，这些都值得学生去学习、体会和进行创造性转化。针对高一学生刚入校没形成良好的生活和学习习惯的现象，通过诵读群文、诵读经典来规范引导，利用早晚自习、两操间隙，让学生比赛朗读《弟子规》《三字经》《千字文》，在朗读比赛中丰富学生知识，营造浓厚的育人氛围。课堂上给学生先示范背诵经典诗文，激发学生兴趣，让学生在浓郁的朗读气氛中理解经典、背诵经典。高二组织学生积极诵读《道德经》《论语》《周易》《黄帝内经》《先秦诸子散文》，让学生不但拥有了书卷气息，增强了文化底蕴，更拥有了多元思维。

3. 群文写作中深化

写作是阅读的高级表现，实施群文写作，提高了学生思维的灵活性。因长期受高考评估的影响，写作教学单一、呆板、僵化，评语千篇一律；学生写作，程式化、套路化、语言贫乏，立意浅近，缺乏深刻，千人一面，没有个性。为纠正这个错误，尝试寓写作于教学，融育人于写作，把群文阅读与写作教学结合，以读促写，以写带读，跳出程式，走向创新，让学生通过阅读积累语言，积累情感，品味内涵，走出了一条个性化的写作教学道路。

群文写作是群文阅读的经典体现，笔者对学生作了三次专题报告："任务驱动型作文探究""群文写作——高三写作指导""高考作文预测"——用自己写的十多篇文章，给高三所带学生示范了一文多写（同一主题的不同文章）、多文多写（不同主题的不同文章）和一料多用，让学生受益匪浅。

进行快速写作训练教学研究，趣味写作教学研究，诗文结合写作训练研究，新概念创新作文教学研究，组织学生参加各种级别的作文竞赛；组织全级学生写心理剧、表演心理剧，登台表演更能激发学生的写作热情。

总之，研读写作理论书籍，结合学校实际、课本实际、师生实际，在作文教学方面注重发展学生个性，指导学生写作独特化、创新化，提高了学生的创造性思维能力，是群文写作提升高中生高阶思维的成功训练。

4. 培优教学中飞跃

笔者带尖子班十五年，很有教学经验，自从实践群文阅读以来，教学又有突破，率先对 2018 级文理科尖子生、2019 级文科尖子生进行培优教学，贯穿群文阅读思想，教法创新多变，培养了学生的开放思维和批判意识。

（1）吟唱欣赏群诗。2006 年以来，笔者专门为古诗词配曲十几首，并以歌声导引诗歌欣赏课堂，激活了学生兴趣，收到很好的效果，群诗微课教学获省级二等奖。

（2）诗文写作结合。运用综合思维，总结出诗文的情感共性、手法共性，做到举一反三。笔者把文言文、现代文和写作练习结合，让学生在群文阅读下训练写作，尖子班学生的作文发展等级得分明显高于普通班学生。

让学生读懂美文，借鉴美文，熟练写作各种文体的作文，快速写作，在自我提升的过程中，凸显个性化的特色，能用真心、真情、真诚关注生活，透视人生，抒写性灵，表达思想；关爱生命、恪守道德，诚实守信，懂得感恩，使写作真正成为学生传承文化的乐事、大事。

（3）综合分析总结。笔者在教学中总结出了两个公式，用在语病分析、文言句式判定、词类活用判定、下定义、句式变换、一句话新闻概括等；把所有客观题进行了整体架构，总结出了十一种试错之法，让学生有的放矢，轻松获得高分。

（4）阅读提升批判。"思维发展与提升"是《普通高中语文课程标准》的核心素养之一。思维发展与提升就是培养学生能够在阅读鉴赏与行文表达的过程中运用思维能力，开展丰富的想象，大胆采用批判性思维，形成自己对文学作品的理解。高考不是机械的套模式，而是灵活的思维应变，在教学中以提高学生的思辨能力为突破口，培养学生多角度进行思维，尖子生经过培优强化训练，在做开放题时，观点明显新颖，突破传统，得分更高。群文阅读重视批判性阅读。批判性阅读要求学生不仅要从阅读中吸收性地学东西，还要从阅读中批判性地学东西，对知识进行重构。高中学生思维活跃，头脑灵活，对新事物充满好奇，往往能提出新问题，具有质疑精神。群文阅读正适应了高中生的需求，要求学生大胆思辨，形成了批判性思维，具备了创新思维。

批判性阅读是群文阅读的重要方面，是培养创新性人才的基础，要求学生先要独立思考，而后才有创新意识，形成独特见解。"一千个读者就有一千个哈姆雷特"，同一段文字，关注的角度不同，理解就不同，评价就不同，教师的看法不等于学生的评价，让学生在认知、怀疑、批判、吸收中阅读，群文阅读解放学生思想，对尖子生更有益处，真正很好地提高了他们的批判思维能力。

通过各种形式的教学活动，让学生对群文阅读从有距离到接受、到亲近与熟练，激发了学习的兴趣，产生了乐于参加的积极性，收到了单篇阅读教学无法取得的效果。教师通过学习、尝试，逐渐自觉研究，寻求创新，不断完善，认真总结，感受到了新教法的优势，收到了成功的喜悦。

群文阅读是矫正以往阅读不足的一把金钥匙。在全国进行语文阅读教学改革的大背景下，群文阅读无疑是成功的教学样式。而各种灵活的活动又是进行群文阅读教学，对学生进行思维训练的好抓手。

## 七、研究中存在的问题及今后研究设想

### （一）存在的问题

1. 整体推进不平衡。群文阅读的确是阅读教学的高级形式，有明显的优势，但少数教师尤其是年龄偏大的，抱着传统的教学意识，不愿花费精力改变自己、提高自己，所以群文阅读的实施时在教师内部还存在不平衡的现象，影响到班级之间出现不平衡。

2. 受应试评价的影响。有些教师受高考思维的束缚，教学上放不开手脚，不注意对学生未来发展的考虑，不注重对学生思维的培养，大量机械刷题，追求成绩。学生层面存在理科比语文提分快而忽视语文学习的现象，这对群文阅读与学生思维培养的深层进展有一定负面影响。

3. 师生素质有待提高。推进群文阅读，要求教师要爱看文章、爱看书籍，会研究、会总结，但现实是教师的读书习惯普遍缺失，再加上平时要处理大量的作业，精力受限，对整书阅读与群书阅读实施量不够，把握不深。群文写作是群文阅读的创新，要求教师不但要爱学习，而且要爱写作，但好多教师很少下水写示范文章，学生爱看书却不爱写作。给群文写作必须创造条件，使之强化。因此，群文阅读要深入，要实现精细化，必须进一步提高师生素质。

### （二）今后研究设想

1. 持之以恒，常抓不懈。好开端就是好结局，笔者经过多年的努力，已经总结了经验，取得了一定成绩，群文阅读必须反复抓，抓反复，一定要形成阅读教学的习惯。所以，今后在教学中将继续实施，不断研究，不断创新，不断提升。

2. 师徒结对，辅导帮助。对不熟练群文阅读的教师，实行承

包制，一对一辅导，一对多辅导，师徒结对，徒弟互帮，由点到面，让人人熟悉群文阅读，人人成为群文阅读的行家能手。

3. 学科交流，拓宽视野。教师跨学科交流，学生跨学科交流，深层培养学生的综合思维，实现高中生的立体思维，形成纵深研究能力。

4. 写作指导，结对帮扶。群文写作是群文阅读的高层次发展，针对师生写作上的欠缺，将进一步对师生进行写作讲座、作品修改，提高师生的写作水平，让人人参与到群文写作中来，打造群文写作特色校园。

5. 示范引领，研究动向。群文阅读是个系统工程，要走出去实现校际联合，推行县内、县外兄弟学校之间深入交流，研究新动向，解决新问题，甚至推广到省际交流，形成群文阅读的大格局，让群文阅读有深度和广度。

# 甘肃省教育科研课题鉴定证书

证 书 号：GSGB[2022]J0520

课题类别：甘肃省教育科学"十三五"规划一般课题

课题名称：群文阅读教学中培养高中学生高阶思维能力的实践研究

课题负责人：夏志雄

课题组成员：王维新，郑庆忠，乔文平

鉴定等级：优秀

本研究课题经专家组评审，通过鉴定，特发此证。

甘肃省教育科学规划领导小组办公室

2022 年 8 月 17 日

**九、专家组鉴定意见**

《群文阅读教学中培养高中学生高阶思维能力的实践研究》是由陇西县第一中学的夏志雄老师负责承担并完成的研究课题，课题立项号为 GS[2019]GHB1041。该课题是甘肃省教育科学规划领导小组立项的教育科研规划课题，经过研究与实验，取得了一定的成果。

该课题选题具有较高的实践价值，重要的理论意义和使用价值，阅读广泛，综述全面，基本掌握了国内外研究动态，对学科前沿问题把握准确，很好地掌握了坚实宽广的理论基础和系统深入的专门知识，有很强的科研工作能力和创新性，条理清晰，层次分明，文笔流畅，学风严谨。立论正确，论证充分，研究目标明确，研究内容详实，研究方法和技术路线合理，研究过程和成果符合省规划课题的结题各项要求，达到了省级科研课题结题的标准。

该课题的突出优势为：

1. 研究问题真实，课题有意义和价值。在群文阅读中培养高中生的高阶思维，且能够提高他们的高阶思维，让学生拥有思维的对比性、综合性、深刻性、批判性、创造性。2. 研究有一定的开创性，有一定的系统性，资料可靠，引证规范。3. 该课题有一定的推广应用价值，可以开拓高中学生的思维层次，提升学生的语文素养。

经专家组评审，一致同意通过鉴定，鉴定级别为优秀。

# 第二辑

## 整书阅读——透视红楼

整本书阅读的优势是：构架知识网络，宏观把握阅读内容，完整了解人物行事，多极评价人物性格，解决阅读节选内容的片面和单一的问题。整本书阅读或以作家为中心，或以议题为中心，系统阅读文本，有始有终，培养阅读习惯，锻炼信息提取能力，培养批判精神。

整本书阅读做法一是课堂与课外结合，以核心名著为中心，让学生每个假期阅读一部，每学期按照阅读课时完成一部，并且以班级读书报告和全级读书报告的形式进行总结，保存参赛选手的影像资料；二是读写结合，全级统一命题写作，每班推荐优秀作文，刊印成书，让学生每天固定时间统一阅读，整体提高写作能力，然后把读书报告的东西，整理成文本，再刊印成册，全级统一交流。

高中生必读的书目是《乡土中国》《平凡的世界》《红楼梦》《三国演义》，对于整本书阅读，下面以《红楼梦》为例，以问题导引法来分析论述。

《红楼梦》是百科全书式的作品，是古典小说的高峰，学生对其阅读有诸多困惑，为此，笔者对《红楼梦》（前八十回）提出一些亮点问题，对学生进行多角度引导，培养学生的求异思维能力和创新思维能力，让学生深入理解，为以后强化阅读与研究打下坚实的基础。

# 陇西方言有多少

方言是活化石，传递着重要的文化信息，保留了深厚的文化因子，但方言的传承面临挑战，大概三十年要消失一些，如何整理保护和弘扬方言确实是一个该研究的课题。

方言往往活跃在文学作品里，在文学作品里随处可以看到方言的倩影，比如《红楼梦》里就有大量方言，其中也有一些陇西方言，让学生认识《红楼梦》的陇西方言，贴近生活，能点燃学生的兴奋点，他们产生了强烈的探究兴趣。请看《红楼梦》里的陇西方言。

"其中因与黛玉同随贾母一处坐卧，故略比别个姊妹熟惯（熟悉）些。"（第五回）

"今者女婿接来养活，岂不愿意，遂一心一计，帮趁（帮助）着女儿女婿过活起来。"（第六回）

"有件事求舅舅帮衬帮衬（帮助帮助）。"（第二十四回）

"他本来面目极好，倒别弄紧衬（紧张、拮据）了。"（第五十八回）

"如今自然是你们拉硬屎（耍大、装人）。不肯去亲近他，故疏远起来。想当初我和女儿还去过一遭。他们家的二小姐着实响快（爽快），会待人，倒不拿大（装大）。……要是他发一点好心，拔一根寒毛比咱们的腰还粗呢。"刘氏一旁接口道："你老虽说的是，但只你我这样个嘴脸，怎样好到他门上去的。先不先，他们那些门上的人也未必肯去通信。没的去打嘴现世（打嘴脸）。"（第六回）

"眼皮子又浅，爪子又轻，打嘴现世（打嘴脸）的，不如戳烂了。"（第五十二回）

"便是没银子来，我也到那公府侯门见一见世面（同今义），也不枉我一生。"（第六回）

"只见门前歇着（放着）些生意担子，也有卖吃的，也有卖顽耍物件的。"（第六回）

"大远的诚心诚意（实实在在）来了，岂有个不教你见个真佛去的呢。"（第六回）

"周瑞家的不敢惊动（打搅），遂进里间来。"（第七回）

"见金钏扔在那里晒日阳儿（太阳）"（第七回）

"这个情分（同今义），求那一个可了事呢？"（第七回）

"少胡说，那是醉汉嘴里混唚（胡说、乱说）。"（第七回）

"你少满嘴里混唚（同上）！"（第六十一回）

"下的这蛋也小巧，怪俊的，我且庣攮（吃）一个。"（第四十回）

"你听听，这一起子没廉耻的小挨刀（该杀的）的，才丢了脑袋骨子，就胡唚（乱说）嚼毛了。再庣攮（喝）下黄汤去，还不知唚（胡说）出些什么来呢。"（第七十五回）

"命人倒滚滚（热热）的茶来"（第八回）

"宝玉此时与宝钗就近，只闻一阵阵凉森森甜丝丝（同今义）的幽香。"（第八回）

"薛姨妈便令人去灌（打）了最上等的酒来"（第八回）

"这个妈妈，他吃了酒，又拿我们来醒脾（找麻烦）了。"（第八回）

"又酽酽（浓浓）的沏上茶来大家吃了。"（第八回）

"家里也省好大的嚼用（花销）呢。"（第九回）

"方才我给太爷送吃食（食物）去。"（第十一回）

"再就是绸缎吃食（同上）衣服了。"（第二十七回）

"快别起来，看起猛（太快）了头晕。"（第十一回）

"你也该将一应的后事（办丧事）用的东西给他料理料理，冲一冲（同今义）也好。"（第十一回）

"这畜生合该作死（找死），看他来了怎么样。"（第十一回）

"才咽气（死）的人，那里不干净。"（第十三回）

"争奈年轻马快，一时展眼（转眼，形容极快）无踪。"（第十四回）

"展眼（同上）过了一日，原来次日就是王子腾夫人的寿诞。"（第二十五回）

"展眼（同上）已到十月。"（第四十八回）

"我说呢，姨妈知道你二爷来了，忽喇巴的反打发个房里人来了？原来你这蹄子舀鬼（捣鬼）。"（第十六回）

"把我赎出来，再多掏澄（搜寻）几个钱。"（第十九回）

"连他的岁属（年龄）也不问问。"（第十九回）

"次日天明时，便披衣靸（拖着）鞋往黛玉房中来。"（第二十一回）

"便拉着贾母扭得好似扭股儿糖，杀死（耍死皮）不敢去。"（第二十三回）

"贾芸听他韶刀（教训、斥责）的不堪，便起身告辞。"（第二十四回）

"那赵姨娘素日虽然常怀嫉妒之心，不忿（不满意）凤姐宝玉两个。"（第二十五回）

"你还只是揉搓（按摩），一会闹上酒来。"（第二十五回）

"只见在宝玉脸上烫了一溜（排）燎泡出来，幸而眼睛竟没动。"（第二十五回）

"也不当家花花的（可怜），要舍，大则七斤，小则五斤，也就是了。"（第二十五回）

"王夫人道：'阿弥陀佛，不当家花花的（同上）！'"（第二十八回）

"没当家花花的（也是可怜），膏药从不拿进这屋里来。"（第八十回）

"堪堪（很快）日落。"（第二十五回）

"早都不知作什么的，这会子寻趁（骂、找麻烦）我。"（第二十九回）

"你老人家老天拔地（年老）跑什么？"（第二十九回）

"难道那些蚊子、蚊虫（跳蚤）、蠓虫儿、花儿、草儿、瓦片儿、砖头儿也有阴阳不成？"（第三十一回）

"他必定也是要来打个花胡哨（装样子）。"（第三十五回）

"你姨娘可怜见（可怜）的，不大说话。"（第三十五回）

"我原是不吃的，大奶奶和姑娘们拉着死（硬）灌。"（第三十九回）

"我正想个积古（聪明，会说话）的老人家说说话儿。"（第三十九回）

"再睡的日头晒着屁股（时间迟了）再来！"（第三十九回）

"那笼子里黑老鸹子（乌鸦），怎么又长出凤头了。"（第四十一回）

"这又呆了，'天下老鸹（同上）一般黑'，岂有两样？"（第五十七回）

"也是一位神道，可惜不是太太养的，'老鸹（同上）窝里出凤凰'。"（第六十五回）

"些须收拾收拾（拾掇）。"（第四十一回）

"那个坟圈子（坟院）里不跑去。"（第四十二回）

"三日两日，又要爰鬼吊猴（捣鬼骗人）的。"（第四十六回）

"若不中用了（不行了，要死了），只管住下。"（第五十一回）

"你不早来听说古记（故事），这会子来了，自惊自怪的。"（第五十二回）

"几个人抬着房子大的炮仗（爆竹）往城外放去，引了上千万的人跟着瞧去。"（第五十四回）

"有这些咀嚼（造谣说谎）。"（第八回）

"倒不是白嚼蛆（同上），我倒是真心一片为姑娘。"（第五十七回）

"我们也浟（巴结）上水去了。"（第五十七回）

"姑娘们也便宜，我们家里也省些搅过（花销）。"（第五十九回）

"见赵姨娘气恨恨（心里气愤）的走来"（第六十回）

"那小丫头子一径找了来，气狠狠（气愤）的把方才的话都说了出来。"（第七十一回）

"这话怎得知道的，可又叨登（牵连）不好了。"（第六十回）

"若以后叨登（牵扯）不出来，是大家的造化。若叨登（同前）出来不知里头连累多少人呢。"（第六十二回）

"倘又叨登（牵扯）起来这事，咱们虽不怕，也终担心。"（第六十八回）

"他们发昏，没记上，又来叨登（同上）这些没要紧的事。"（第七十二回）

"高高的孤拐（颧骨），大大的眼睛，最干净爽利的。"（第六十一回）

"这两面三刀的东西，我最不稀罕（稀奇）。"（第六十二回）

"怎么不拣地方儿乱挺（躺）下了?"（第六十三回）

"你不用和我花马吊嘴（油嘴滑舌）的，清水下杂面（扁豆面），你吃我看见。"（第六十五回）

"又展样（放得开），又大方，怎么叫人不敬服呢?"（第六十七回）

"别放皱屁（臭屁）！你们查的不严，怕得不是，还拿着话来支吾。"（第七十三回）

"里间又一起斯文些的，抹骨牌打天九（一种游戏牌）。"（第七十五回）

家乡话是学生亲切交流的密码，让他们一下拉近了与名著的距离，产生了浓厚的兴趣，避免了对《红楼梦》阅读的陌生感、畏惧感，是很好的方法。

# 《红楼梦》人物取名理趣

中国人特别留意人物的取名，取名文化博大深厚，有很深的传统和数理思辨，比如地名传递地理特点、住户信息、民俗传统等，人名体现父母希望、兴趣爱好、文化层次，暗示平生经历、命运结局等，《红楼梦》里人物的名字很有意趣，值得研究。

## 一、寓意（双关，示刺）

贾府：假府

贾王薛史：家亡血史

胡州：胡诌

贾化：假话

贾雨村：假语存

甄士隐：真事隐

冷子兴：旁观冷眼人

贾代化、贾代善、贾代儒：假代替教化、善良、学识

贾敬：贾静

贾政、贾敬：假正经

贾政：假正，假正经

贾赦：假设，贾府的摆设

贾琏：假脸（无耻）

贾环：贾坏

贾蔷：假强盛

贾蓉：假繁荣

贾瑞：假吉祥

元春、迎春、探春、惜春：原应叹息

王熙凤：枉是凤

平儿：瓶儿

晴雯：日边霞云，"情文"

花袭人：戏子的人

四春丫环：抱琴、司棋、侍书、入画即"琴棋书画"

四大郡王：东平王、南安王、西宁王、北静王，即"东南西北，平安宁静"

秦可卿：可情也，情可轻、情可倾（两种说法）

秦钟：情种

鸳鸯：死不嫁人（疑后被贾赦逼死）

紫鹃：杜鹃啼血，黛玉闺中益友。

薛蟠：恶龙

戴权：大权，专管买官卖官，权力极大。

焦大：骄傲自大

卜固修：不顾羞

卜世仁：不是人

王仁：亡仁，没人德

甄英莲：真应怜

香菱：相怜

娇杏：侥幸

冯渊：逢冤

詹光：沾光

来升：来升官

吴新登：无星戥

程日兴：乘日兴

单聘人：善骗人

钱华：钱开花

余信：愚昧迷信

霍启：祸起

石呆子：实呆子

靛儿：垫儿

张友士：张有事

秦业：情孽

火炕：祸炕

葫芦：糊涂

青埂峰：情根峰

仁清巷：人情巷

十里街：势利街

潇湘馆：消香馆

梨香院：离乡怨

蘅芜院：恨无缘

怡红院：遗红怨

## 二、评价（修饰妙评）

贤袭人、俏平儿、金鸳鸯、白玉钏、黄金莺、母蝗虫、杨妃、赵燕、忙玉（指宝玉是个无事忙）、呆霸王、冷郎君（冷二郎）、浪荡子。

敏探春、勇晴雯、慧紫鹃、慈姨妈、憨湘云、美香菱（呆香菱）、情小妹、酸凤姐、懦小姐、痴丫头。

## 三、雅俗（人物身份）

俗气的有石呆子、薛呆子、狗儿、板儿、旺儿、兴儿、巧姐儿，隐含人物的身份、地位或者身体状况、前途命运。

文雅的比比皆是，如金陵十二钗连同她们丫鬟的名字，充满着文学色彩，让读者浮想联翩，敬佩曹公的文学才能丝丝缕缕，处处见真。

# 《红楼梦》的八大视角

《红楼梦》是一部奇书，光独特而多面的视觉，就值得研究。

一、神魔视觉：暗示人物命运和故事情节。

空空道人、茫茫大士、渺渺真人和奇丑而大智的癞头和尚、跛脚道人的反复出现是小说重要的线索。由宝玉摔玉砸玉、宝钗看玉、癞头和尚借玉驱魔，猜想宝玉可能随和尚不知所终。

二、冷子兴：借冷面人的口介绍贾家家世，贾府主要人物，为周瑞家的和刘姥姥出场一近一远埋设伏笔。

三、林黛玉：借林黛玉敏感的眼睛，见证贾府的社会地位，富贵豪华、繁复礼仪，人际关系。

四、刘姥姥：刘姥姥几进荣国府，见证贾家盛衰荣枯，但前八十回写两次来贾府，后面可能还来过，可惜见不到原貌。

五、宝钗、湘云：更细微地表现四大家族的社会关系，人情冷暖。

六、薛蟠：表现贾府极度混乱、糜烂和腐败。"原来这梨香院即当日荣公暮年养静之所，小小巧巧，约有十余间房屋，前厅后舍俱全。另有一门通街，薛蟠家人就走此门出入。西南有一角门，通一夹道，出夹道便是王夫人正房的东边了。每日或饭后，或晚间，薛姨妈便过来，或与贾母闲谈，或与王夫人相叙。宝钗日与黛玉迎春姊妹等一处，或看书下棋，或作针黹，倒也十分乐业。只是薛蟠起初之心，原不欲在贾宅居住者，但恐姨父管约拘禁，料必不自在的，无奈母亲执意在此，且宅中又十分殷勤苦留，只得暂且住下，一面使人打扫出自己的房屋，再移居过去的。谁知自从在此住了不上一月的光景，贾宅族中凡有的子侄，俱已认熟了一半，凡是那些纨绔气习者，莫不喜与他来往，今日会酒，明日观花，甚至聚赌嫖娼，渐渐无所不至，引诱的薛蟠比当日更坏了十倍。"（第四回）

七、兴儿：通过给尤二姐介绍贾府的情况，从一个仆人的角度揭示贾府的人际内幕，从侧面评价王熙凤狠毒和逐渐不得人心。

八、贾雨村：借他的沉浮和与贾府中人的交往，既交代了香菱、黛玉，又凸显官场复杂的关系。

曹公构思妙绝，由远到近，由四周到中心，由中心向四周，有序写来，笔墨经济，逻辑清楚，超越了传统小说的单一模式，是写作的自觉，是伟大的创新。

# 几个疑问

曹雪芹慧眼识人世，敏锐地发现了家族内部兴衰荣枯的不平衡，给读者留下思考。

## 一、大房萧条二房旺

贾府人丁有啥规律呢？看宁府人丁变化。

宁公死后，贾代化袭了官，也养了两个儿子：长名贾敷，至八九岁上便死了，只剩了次子贾敬袭了官，如今一味好道，只爱烧丹炼汞，馀者一概不在心上。幸而早年留下一子，名唤贾珍，因他父亲一心想作神仙，把官倒让他袭了。……这位珍爷倒生了一个儿子，今年才十六岁，名叫贾蓉（第二回）。宁府姑娘只惜春，前八十回，贾蓉一直没有子嗣，长房宁府谁继承呢？

看荣府如何？自荣公死后，长子贾代善袭了官，生了两个儿子：长名贾赦，次名贾政。贾赦袭了官；贾政赐了个额外主事职衔。贾赦一儿贾琏，一女迎春；贾琏只有一女巧姐儿；贾政有贾珠、贾宝玉、贾环三个儿子，贾元春、贾探春两个女儿，贾兰一个孙子。

宁荣两府，总体看大房宁府人丁明显不如二房荣府；局部看，有意思的是宁府长房不如二房，荣府也是。什么原因呢？曹公这样安排有何用意呢？

## 二、庆生暗藏啥玄机

《红楼梦》写庆生有详有略、有虚有实，笔法多变，引人思考。

第十一回写贾敬的寿辰，子孙摆宴唱戏享受，以贾敬的名义写家人的实。是实写又是详写。小说第一次写庆生，贾母是爱热闹的人，没来参加为何？是身体不适，还是不愿参加男人生日？

第十六回写道："一日正是贾政的生辰，宁荣二处人丁都齐集庆贺，闹热非常。"是实写又是略写。

第三十六回黛玉说明天是薛姨妈的生日，宝玉去不去让打发人说一声，宝玉说上回连大老爷的生日他也没去。是虚写又是一笔带过。

贾敬的是"寿辰"而贾政的是"生辰"，子侄的在前贾母的在后，是为贾母八十大寿做铺垫吗？贾政的前于贾赦的。这些为何？

第二十一回贾母出二十两银子荣府为薛宝钗过十五岁生日，又是饭又是戏的，又实又详。

女性过生日，薛宝钗的安排在最前，有何意？

第四十三回贾母主持凑份子给王熙凤庆生，两府人都来聚餐听戏，唯独宝玉祭奠金钏儿后才参加。此处曹公写法又不同，重点写凑份子准备的过程。

第五十七回薛姨妈的生日，贾母和诸人都有贺礼。薛姨妈是唯一写了两次生日的，先虚后实。

第六十二、六十三两回宝玉、宝琴、邢岫烟、平儿四人生日，重点写白天宝玉生日繁缛的礼节，而晚上大观园内没长辈参加年轻主仆凑份子为四人过生日，笔法工细，场面独特。

第七十一回贾母八旬之庆从人客到时间设置是两府庆生的高峰，这与贾母顶尖的身份相吻合，曹公又把重点放在写对贵客的安排上和南安太妃与众姐妹的见面上。下一回写到贾母八十庆生后带来严重亏损，明显透视贾府的颓势，是否暗示贾家接驾造成亏损被抄家是覆灭的主因？

女性是红楼的主角，庆生自然比男士的翔实，曹公不愧为大师，不论抓大还是写小，匠心独运，不见雷同。

## 三、丧葬有何大深意

秦可卿的葬礼不论人客还是用度，都比贾敬的豪奢得多，原因有二：一是显示贾府的衰落，二是暗示宁府的丑事。是否还有其他缘故？

## 四、黛玉之死于何时

笔者疑黛玉死于肺病，并且死于半夜。第七十四回到第七十七回抄检大观园后引起严重后果：赶走入画、司棋、搬走迎春、宝钗，死掉晴雯，三官（芳官、蕊官、藕官）恨断青丝归水月，王熙凤李纨患重病，大观园一片萧瑟，中秋赏月一片冷寂，第七十六回林黛玉、史湘云夜深人静之际在凹晶馆联诗作乐，"寒塘渡鹤影，冷月葬诗魂"，是否暗示林黛玉之死？六十三回酒令上的"只恐夜深花睡去"，是否又是隐喻？根据曹公的隐喻，深究一下，黛玉应该死于贾母去世后，王夫人骂晴雯眉眼有像林黛玉，加上与薛姨妈是亲姊妹，对宝钗比黛玉亲，还有宝钗会来事，黛玉病秧子，这些都是王夫人站在宝钗一边的理由，贾母死后林黛玉的庇护彻底消失，光凭宝玉一个没有获胜的概率。

## 五、尴尬人事有多少

邢夫人、尤氏无儿无女，为自保一味讨好丈夫，任凭丈夫胡来，两个尴尬人，一样悲凉境况，一样冷漠心情。黛玉、湘云、秦可卿（抱于养生堂，不知亲父母是谁）、妙玉、平儿、晴雯、香菱、芳官、蕊官、藕官等等，无父无母，近似的际遇。是为让人物来聚贾府，还是曹公的疏漏呢？

## 六、家被抄原因窥视

甄家被抄，是事实；贾家被抄，确乎事实。真假一家，深刻寓意，绝妙讽刺！贾府被抄的原因何在？因为贾雨村替贾赦抢夺石呆子扇子之事败露？来旺一念之间放过张华，后来被张华再告，贾琏国孝家孝偷娶尤二姐泄露？贾珍一贯胡作非为？或许单一原因，或许复合原因。

## 七、探春远嫁到何处

第五回中画有大海、风筝、大船，加上"清明涕送江边望，千里东风一梦遥"之诗，还有第二十二回中的"阶下儿童仰面时，清明妆点最堪宜。游丝一断浑无力，莫向东风怨别离"。从地点推测，笔者认为探春远嫁韩国的可能性很大，并且是清明节远去。

## 八、巧姐落难救者谁

刘姥姥二进荣国府时得知她大贾母五岁，第七十一回给贾母贺八十大寿时，刘姥姥已经八十五岁，当巧姐蒙难时，刘姥姥要么年事已高无能为力，要么已经去世，因此救巧姐的应是两次随刘姥姥进荣国府的板儿。

## 九、炼石究竟为何意

三万六千五百块对应年，十二丈对应月，二十四丈对应日（有说对应二十四节气），是否如此？

《红楼梦》是思维的富矿，给读者留下许多思维的维度，这些导引能激发学生的求异思维，引发他们以后去钻研、去探究。

# 刘姥姥的憨态趣语

刘姥姥是个很可爱的人，是曹公笔下创造的唯一知道脸红有人事经验而又有几分油滑的智者，她给贾府带来了快乐，拓展了小说的空间，启示人生的另一个出口。看她的出场吧。

因此刘姥姥看不过，乃劝道："姑爷，你别嗔着我多嘴。咱们村庄人，那一个不是老老诚诚的，守多大碗儿吃多大的饭。你皆因年小的时候，托着你那老家之福，吃喝惯了，如今所以把持不住。有了钱就顾头不顾尾，没了钱就瞎生气，成个什么男子汉大丈夫呢！如今咱们虽离城住着，终是天子脚下。这长安城中，遍地都是钱，只可惜没人会去拿去罢了。在家跳蹋会子也不中用。"狗儿听说，便急道："你老只会炕头儿上混说，难道叫我打劫偷去不成？"刘姥姥道："谁叫你偷去呢。也到底想法儿大家裁度，不然那银子钱自己跑到咱家来不成？"（刘姥姥对女婿不满，但必须依靠他，说话有硬有软，很有分寸。）

刘姥姥道："这倒不然。谋事在人，成事在天。咱们谋到了，看菩萨的保佑，有些机会，也未可知。我倒替你们想出一个机会来。当日你们原是和金陵王家连过宗的，二十年前，他们看承你们还好；如今自然是你们拉硬屎，不肯去亲近他，故疏远起来。想当初我和女儿还去过一遭。他们家的二小姐着实响快，会待人，倒不拿大。如今现是荣国府贾二老爷的夫人。听得说，如今上了年纪，越发怜贫恤老，最爱斋僧敬道，舍米舍钱的。如今王府虽升了边任，只怕这二姑太太还认得咱们。你何不去走动走动，或者他念旧，有些好处，也未可知。要是他发一点好心，拔一根寒毛比咱们的腰还粗呢。"（刘姥姥到底年龄大，知道的比女婿多，处事有经验。）

这里刘姥姥心神方定，才又说道："今日我带了你侄儿来，也不为别的，只因他老子娘在家里，连吃的都没有。如今天又冷了，越想没个派头儿，只得带了你侄儿奔了你老来。"说着又推板儿道："你那爹在家怎么教你来？打发咱们作煞事来？只顾吃果子咧。"（农村人普遍不会说话，这是事实，刘姥姥第一次见王熙凤紧张得说话乱了理，很真实，很深刻，凸显了人物的等级差别。）

那刘姥姥先听见告艰难，只当是没有，心里便突突的，后来听见给他二十两，喜的又浑身发痒起来，说道："嗳，我也是知道艰难的。但俗语说的'瘦死的骆驼比马还大'，凭他怎样，你老拔根寒毛比我们的腰还粗呢！"（这显示了刘姥姥不会说话的诚实，同时写了农村人粗俗的一面，作者心可真细。）

刘姥姥笑道："我的嫂子，我见了他，心眼儿里爱还爱不过来，那里还说的上话来呢。"（刘姥姥也爱美人）（第六回）

那刘姥姥入了坐，拿起箸来，沉甸甸的不伏手。原是凤姐和鸳鸯商议定了，单拿一双老年四楞象牙镶金的筷子与刘姥姥。刘姥姥见了，说道："这叉爬子比俺那里铁锹还沉，那里犟的过他。"说的众人都笑起来。（作者对农村人的生活了如指掌，写得传神。）

只见一个媳妇端了一个盒子站在当地，一个丫鬟上来揭去盒盖，里面盛着两碗菜。李纨端了一碗放在贾母桌上。凤姐儿偏拣了一碗鸽子蛋放在刘姥姥桌上。贾母这边说声"请"，刘姥姥便站起身来，高声说道："老刘，老刘，食量大似牛，吃一个老母猪不抬头。"自己却鼓着腮不语。

众人先是发怔，后来一听，上上下下都哈哈的大笑起来。史湘云撑不住，一口饭都喷了出来；林黛玉笑岔了气，伏着桌子"嗳哟"；宝玉早滚到贾母怀里，贾母笑的搂着宝玉叫"心肝"；王夫人笑的用手指着凤姐儿，只说不出话来；薛姨妈也撑不住，口里茶喷了探春一裙子；探春手里的饭碗都合在迎春身上；惜春离了座位，拉着他奶母叫揉一揉肠子。地下的无一个不弯腰屈背，也有躲出去蹲着笑去的，也有忍着笑上来替他姊妹换衣裳的，独有凤姐鸳鸯二人撑着，还只管让刘姥姥。（刘姥姥第二次来贾府，已经和王熙凤不陌生了，自自然然地配合她表演，给贾府带来欢乐，写出了刘姥姥灵活而油滑的一面。）

刘姥姥拿起箸来，只觉不听使，又说道："这里的鸡儿也俊，下的这蛋也小巧，怪俊的。我且肏攮一个。"众人方住了笑，听见这话又笑起来。贾母笑的眼泪出来，琥珀在后捶着。贾母笑道："这定是凤丫头促狭鬼儿闹的，快别信他的话了。"那刘姥姥正夸鸡蛋小巧，要肏攮一个，凤姐儿笑道："一两银子一个呢，你快尝尝罢，那冷了就不好吃了。"刘姥姥便伸箸子要夹，那里夹的起来，满碗里闹了一阵好的，好容易撮起一个来，才伸着脖子要吃，偏又滑下来滚在地下，忙放下箸子要亲自去捡，早有地下的人捡了出去了。刘姥姥叹道："一两银子，也没听见响声儿就没了。"（表现刘姥姥的急迫和惋惜，人之常情，很有代表性。）

众人已没心吃饭，都看着他笑。贾母又说："这会子又把那个筷子拿了出来，又不请客摆大筵席。都是凤丫头支使的，还不换了呢。"地下的人原不曾预备这牙箸，本是凤姐和鸳鸯拿了来的，听如此说，忙收了过去，也照样换上一双乌木镶银的。刘姥姥道："去了金的，又是银的，到底不及俺们那个伏手。"凤姐儿道："菜里若有毒，这银子下去了就试的出来。"刘姥姥道："这个菜里若有毒，俺们那菜都成了砒霜了。那怕毒死了也要吃尽了。"贾母见他如此有趣，吃的又香甜，把自己的也端过来与他吃。又命一个老嬷嬷来，将各样的菜给板儿夹在碗上。（表现了刘姥姥作为一个下苦人的憨厚和好胃口。）（第四十回）

　　贾母因要带着刘姥姥散闷，遂携了刘姥姥至山前树下盘桓了半晌，又说与他这是什么树，这是什么石，这是什么花。刘姥姥一一地领会，又向贾母道："谁知城里不但人尊贵，连雀儿也是尊贵的。偏这雀儿到了你们这里，他也变俊了，也会说话了。"众人不解，因问什么雀儿变俊了，会讲话。刘姥姥道："那廊下金架子上站的绿毛红嘴是鹦哥儿，我是认得的。那笼子里黑老鸹子怎么又长出凤头来，也会说话呢。"众人听了都笑将起来。（刘姥姥没见过世面，她天真的话给等级森严的贾府带来了活力。）（第四十一回）

　　刘姥姥是《红楼梦》（前八十回）只出场两次的人物，着墨不多，但性格鲜明，她凭借幽默和活泼赢得众人喜欢，当然主要是贾母喜欢，让读者难忘的就是她没见过大世面的憨态可掬，是朴实的劳动人对生活的热爱和无多欲求的阳光，曹公真是洞察生活，让人佩服。读她意在指导学生关注底层人物，好好挖掘刘姥姥身上蕴含的精气神！这是对《红楼梦》整本书阅读的一个向度。

# 《红楼梦》里的魔幻手法

魔幻一词与魔幻现实主义有关，"魔幻现实主义的作品以小说为主。这些作品大都以神奇或魔幻的手法反映现实，把神奇而怪诞的人物和情节，以及各种超自然的现象插入到反映现实的叙事和描写中，使拉丁美洲现实的政治社会变成了一种现代神话，既有离奇幻想的意境，又有现实主义的情节和场面，人鬼难分，幻觉与现实相混，给人一种真真假假、似是而非、似非而是、神秘莫测的感觉，故有魔幻现实主义之称。"①

"魔幻现实主义就是借助某些具有神奇色彩的事物、现象或观念，如印第安人古老传说、神话故事、奇异的自然现象、人物的超常举止、迷信观念（如鬼魂存在等）以及作家的想象、艺术夸张、荒诞描写等手段反映历史和现实的一种独特艺术手法。"②

魔幻手法是文学作品中运用夸张、荒诞、变形等超现实形式沟通神话、自然、幻觉和现实的具有隐喻、暗示、象征之美的艺术手法。魔幻手法源于人的魔幻意识，魔幻意识在人类社会的早期就存在，表现为人类对自然的敬畏，对超自然的神灵和祖先的敬畏，对生存的困惑，对自身的困惑。它保留在人类的文字记载里，如《易经》《山海经》《庄子》《史记》还有南北朝志怪志人小说、唐传奇、《西游记》《聊斋志异》等，一直延续到当代文学作品里。十八世纪成书的《红楼梦》对魔幻的运用已经很成熟，它用魔幻手法透视生活、透视人际关系，独到地反映现实社会。《红楼梦》无疑是魔幻现实主义的作品，比二十世纪出现在拉丁美洲的魔幻现实主义小说要早二百多年。

对《红楼梦》魔幻手法的探究有多人，如吕福田在《〈红楼梦〉梦境描写艺术探析——兼论〈红楼梦〉作者的小说家气质》里分析了梦境在小说中的三大作用和贾宝玉性爱觉醒，李梅、沈黎江在《浅析〈红楼梦〉梦境手法及其艺术审美》中分析三种梦幻特征与审美意蕴，钱付梁在《好论〈红楼梦〉梦境之意蕴》中把梦境分为在"幻中求真"之境与"镜花水月"之境，许俊琪、刘凌在《抗争与无奈——〈红楼梦〉中梦境的多模态隐喻分析》中归纳出前八十回十九次梦境，王志尧《幻化的世界别样幽——〈红楼梦〉梦境疏解》中对三十三次梦的作用进行了归类，袁加鹏在《中国古典小说下的魔幻现实主义色彩——以〈红楼梦〉为典型的"镜花水月"之笔》中分析了《红楼梦》的虚幻性和现实性，徐小娜在《万境都如梦境看——论〈红楼梦〉一僧一道形象的内涵〉》一文明确前八十回一僧一道出场十三次，赵勤在《试谈〈红楼梦〉的魔幻现实主义色彩》中总结出了《红楼梦》为魔幻现实主义作品的三个特征，陈星君、李珊在《〈红楼梦〉中的魔幻现实世界》从神话的角度对魔幻进行了分析，罗筱娟在《〈红楼梦〉中的魔幻现实世界解析》中从梦的神话性、梦幻性、警幻性三个层面分析，王芳在《〈红楼梦〉与魔幻现实主义——〈百年孤独〉和〈红楼梦〉比较》中对两部名著重点在结构和文化方面进行了比较。

综上所述，各位学者的研究取得了一定成果，但研究侧重对梦的点状解读，或者与拉美魔幻现实作品的横向对比，缺乏对《红楼梦》自身魔幻手法的全面关照、系统分析，为此，笔者尝试对《红楼梦》的魔幻手法做进一步的梳理。《红楼梦》的魔幻手法体现在以下多个层面。

## 一、创新神话故事扩展介绍人物

以往对《红楼梦》中神话的运用关注得多，但对作者把神话的创新扩展几乎没关注，其实创新才是作者最大的亮点。小说第一回运用神话女娲补天引入，作者此处做了变形，改造了神话，女娲把未用的一块石头弃在"青埂峰下"，石头"自经煅炼之后，灵性已通"，并且听了僧道谈"红尘中荣华富贵"动了"凡心"，"苦求再四"要去人间享受，"不知过了几世几劫"以石的形态复归青埂峰下。作者进一步发展了神话，石头就是"神瑛侍者"，呵护着"绛珠草"，作者用魔幻手法交代了宝黛的前生，开启了宝黛的前世深情："只因西方灵河岸上三生石畔（甲戌眉批：全用幻），有绛珠草一株，时有赤瑕宫神瑛侍者，日以甘露灌溉，这绛珠草始得久延岁月。"后来"修成个女体"，神瑛侍者同石头一样"凡心"未泯，要到人间走一遭，而绛珠仙子决意到人间把"一生所有的眼泪还他"，这就是"还泪说"。

这一写法前无古人，充满浪漫色彩，隐喻林黛玉体弱多病，是先天因素（当然她身上还有娥皇女英的影子，黛玉爱流泪和潇湘馆的斑竹就是证明）；也暗示她流泪爱哭出自原始本源，泪流尽是生命结束的时候，眼泪与生命相始终；宝玉由石变玉，"衔玉而诞"，玉是他的"命根子"，他嗜好吃胭脂花粉，喜欢在"内围厮混"，说"女儿是水做的骨肉"，善解女孩心意，他这个"意淫"人，没有贾府臭男人的污浊、糜烂，与花草为伴的前世大有因缘，他好洁的先天本质，是作者对理想人格的追求。木石前盟是超越物质与世俗的精神自由和个性张扬，贾宝玉后天蔑视仕途也是先天因素，暗示了他回归自然——遁入佛门的必然。

## 二、打造虚幻时空暗示人物结局

"太虚幻境"是作者独创的神仙空间，并列于道教的天上世界、佛教的极乐世界，是对神魔世界的发展。第五回贾宝玉神游"太虚幻境"是最集中的超现实描写，用诗画配合判词对人物结局做了暗示，警幻仙子转述宁荣二公的嘱托对贾府倾覆的必然性做了暗示。也暗示了秦可卿、尤三姐、尤二姐、晴雯、香菱、迎春、元春先后之死，探春远嫁、惜春遁入空门，黛玉、熙凤死去，巧姐沦落民间、李纨死去，袭人、宝钗的悲苦无奈。"太虚幻境"是小说的魔幻线索，先在甄士隐梦中出现，再在宝玉梦中出现，后来在大观园试才时在宝玉记忆里闪现，尤三姐死后在柳湘莲的幻觉里出现。

"大观园本是一个现实时空，但经过作者的艺术熔铸，使其成为天界仙国太虚幻境的凡界幻影"③，由此推论大观园中的女儿世界，就是"太虚幻境"仙子世界的投影，"元春之于大观园正如警幻仙子之于太虚幻境，二者对应性是明显的，也可以说前者是后者在人间的投影。"④为此，"太虚幻境"对十二钗中部分人物的死因、时辰还进行了必要暗示。

## 三、设计僧道多次出现接通现实

写一僧一道很震撼，其第一回登场时"骨格不凡，丰神迥异"，是洒脱的茫茫大士、渺渺真人，穿透历史而来，作者是以美衬美；甄士隐先梦到，接着梦醒出门遇到："那僧则癞头跣脚，那道则跛足蓬头"，作者又以丑衬美，这是庄子惯用的手法，他塑造的畸人具有大智之美，一僧一道也如此；甄士隐经历磨难再遇跛足道人，自自然然跟他飘然而去。第一回三次写到僧人，四次写到道人。对一僧一道有直接介绍，如第一回与石头对话、与甄士隐对话、第十二回来救宝鉴，第二十五回借玉救人、第六十六回柳湘莲遇到跛腿道士；有侧面交代，如第三回借林黛玉之口、第七回借薛宝钗之口、第八回借莺儿之口、第十七回宝玉回想僧道、第二十八回宝钗想起和尚给金锁、六十八回薛蟠说道士。同时写一僧一道的有第一回、第十七回、第二十五回，写到一僧的有第一回、第三回、第七回、第八回、第二十八回，写到一道的有第一回、第十二回、第六十六回、第六十七回。甄士隐、贾雨村是小说首尾的呼应人物，而一僧一道是线索人物，他们时而在方外，时而来红尘，作者巧妙地用魔幻手法把幻境与现实连接，仿佛蒙太奇电影，转换时空，内容丰富，情节多变，笔法高妙，正如鲁迅先生在《中国小说的历史的变迁》中指出："自有《红楼梦》出来以后，传统的思想和写法都被打破了。"

## 四、探究人物病因对比烘托性格

人类不可回避疾病，《红楼梦》写多人患病，如贾母、王熙凤、宝玉等等，但用魔幻手法挖掘病根的只有黛玉、宝钗、妙玉。

1. 黛玉之病。对黛玉最大的威胁是身体孱弱，她的病显，置于最前交代，第三回中众人知道"她有不足之症"，问吃药和治疗，黛玉说"从会吃饮食时便吃药"，"三岁时，听得说来了一个癞头和尚"要化去出家，父母不从，和尚说"若要好时，除非从此以后总不许见哭声，除父母之外，凡有外姓亲友之人，一概不见，方可平安了此一世。"女孩一般爱流泪，前八十回写黛玉流泪就四十五次左右，很夸张，一部红楼，半部流泪。

"疯疯癫癫"的"癞头和尚"的出现就是魔幻与现实的再次相遇，他的话有警示性，作者这种草蛇灰线法，远接第一回木石前盟，证实黛玉病在先天，药石无效，借她自己的口确认了命运的悲剧性。

2. 宝钗之病。众人眼中宝钗身体健康，殊不知有隐疾，第七回宝钗见周瑞家的问她的病就两次回答，"只因我那种病又发了，所以这两天没出屋子。"说自己的病吃药不见效，后来"一个秃头和尚"给了"一个海上方，又给了一包药末子作引子，异香异气的"，"发了吃一丸就好"。

黛玉的病众人所知，具有公开性；而宝钗的病他人知之甚少，具有隐蔽性。作者以工细的手法对比了两人的性格差异：黛玉显，病往大家说；宝钗隐，病对一人说；作者借病还艺术化地隐喻薛宝钗这个冷美人外冷内热的先天因素。

3. 妙玉之病。第十八回借病巧妙介绍妙玉来历，外有一个带发修行的苏州姑娘，"自小多病，买了许多替身儿皆不中用，到底这位姑娘亲自入了空门，方才好了。"写妙玉为贾府十二钗全部出场埋伏笔；妙玉和黛玉都有玉的特质，目无下尘，自小体弱多病，过早没有父母依靠，有很大的相似性，相互参照，借病隐喻二人不幸的结局。

## 五、巧借生病设伏推动故事情节

《红楼梦》在细微处显示着缜密的逻辑，巧姐儿生病就是一个经典片段。王熙凤性格多元，做了许多坏事时也做了许多善事，无意中周济刘姥姥就是得意之笔。第四十二回刘姥姥二进荣国府受到主仆喜欢，刘姥姥这个庄稼人也演了一场很成功的人情大戏，具有很强的观赏性。欢宴后贾母病了，王熙凤唯一的骨肉巧姐儿生病了。经多见广的刘姥姥说"仔细撞客着了"，提醒"凤姐儿叫平儿拿出《玉匣记》着彩明来念"，查出遇上了"花神"，"一面命人请两分纸钱来，着两个人来，一个与贾母送祟，一个与大姐儿送祟。果见大姐儿安稳睡了。"

此处"伏线于千里",仔细一想很优美,很具人情味,作者不为巧姐儿病,而为她将来遇难被救远埋伏笔,可惜只能推测巧姐儿遇到什么灾难,真正被谁救了。

## 六、书写人物死亡挣扎以虚明理

《红楼梦》多次写人物死亡,有少有老,或集中或分散,情节构建完全为主题服务。

1. 贾瑞之死。贾瑞父母早亡,从家庭背景、经济状况、人品地位、处事能力、人际关系、弄权手段和王熙凤不可同日而语,他不该纠缠王熙凤,和王熙凤相遇,结局没有悬念;但他没能摆正自己的位置,第十二回贾瑞先照反面,"又将正面一照,只见凤姐站在里面招手叫他。贾瑞心中一喜,荡悠悠的觉得进了镜子(庚辰双行夹批:写得奇绝,真好笔墨。庚辰墨笔眉批:此段有惊醒语,可以唤醒。)"与凤姐连续云雨快意三番,"刚要出镜子来,只见两个人走来,拿铁锁把他套住,拉了就走。"贾瑞死不悔改,说了"让我拿了镜子再走",就再不能说话了。

贾代儒愤怒命人架火烧镜子,镜子哭诉是人自己真假不分。镜子有魔性,正面娇媚是陷阱,反面可怕是本真;人鬼同框、对话,这都是魔幻之笔。现实情况是好色贪欲是人性,贾瑞式的人不少,作者对贾瑞的思想行为进行了工细描绘,夸张解读,用"风月宝鉴"警告世俗之人,淫欲必亡;作者似乎借贾瑞的单相思曲折地交代凤辣子(辣子,烂子的谐音)交往之烂,与贾珍与秦可卿的关系对比,一是同辈,一是两辈,贾府伦理乱了,王熙凤偏偏遇见焦大醉酒大骂就是证据;作者还昭示隔代教育的失败,一箭多雕。

2. 秦钟之死。秦钟就是情种,第十六回作者用心理剖析法写他留恋家务、银子、智能儿。写他死前妙在与众鬼直接谈判,他求告鬼，受到叱责。听见宝玉看他来了，忙又央求放他见宝玉，众鬼和鬼判知道宝玉是荣国公的孙子后，害怕了，并且互相埋怨、推责、不作为。作者用调侃、幽默、超现实的写法，让人鬼直接对视对话，戏谑鬼也怕人。以鬼神的视角看待人世间，古典文学常见，而《红楼梦》指出冥界和阳世一理，不差分毫，借鬼语刺现世的指向性明确；写宝玉对玩伴难以割舍，显示宝玉性格的另一面，秦钟死去，宝玉世俗的幻象碎了。

## 七、依托梦境劝诫评判人物行为

"中国记梦的文学作品不可尽数，其渊源可追溯到《周易》中若干记梦的文字"[⑤]，《红楼梦》写梦境"三十三处"，"前八十回有十九处"，文学作品中写梦境很常见，但一部作品写梦如此多，写法变化如此大，首推《红楼梦》，"小说集大成者的《红楼梦》同时也成为中国梦文学的集大成者。"[⑥]真是一部红楼，半部记梦。

"《红楼梦》中的梦幻按创作手法大致可分为两类：一是总领全书贯穿始终，如甄士隐白日之梦、贾宝玉梦游太虚幻境等。二是人物潜在的内心活动的曲折再现，起着丰富人物性格和推动故事情节发展的作用。"[⑦]笔者认为《红楼梦》多处写梦中最有魔幻色彩的是以下两处。

1. 可儿之死。秦可卿与王熙凤婆媳相处最好，作者设计她死前托梦婶子自然成理，第十三回凤姐梦见秦可卿来诀别，并说"还有一件心愿未了"，问什么心愿，秦氏说了"常言'月满则亏，水满则溢'；又道是：'登高必跌重'。如今我们家赫赫扬扬，已将百载，一日倘或乐极悲生，若应了那句'树倒猢狲散'的俗语，岂不虚称了一世的诗书旧族了！"给王熙凤讲道理指出路，让她"筹画下将来衰时的世业"，接着写秦氏对贾府命运的暗示

"三春过后诸芳尽，各自须寻各自门"。

此处写得阴冷怕人，"写秦可卿死后托梦给王熙凤，就属于这种预警型梦幻"⑧，暗示大家族崩塌是必然，为后续情节做铺垫。王熙凤不怕阴司，作者以秦可卿幽魂的视角忠告王熙凤要适时收敛，放下贪欲，为贾府的末路打算，但王熙凤没有洞悟没有参透，依然疯狂聚财。日本学者厨川白村认为"文艺作品中的'梦'，是作者深刻心境的象征，是作者苦闷、灵感的象征"，作者很痛苦，不忍看到大家庭分崩离析，把希望寄托在王熙凤身上，但悲剧无可逆转，她没觉醒，跳不出名利场。秦可卿的葬礼彰显宁府的奢华，从一个侧面表达贾家这条"百足之虫"死前的回光返照，是梦境中对秦可卿忧虑的细化。

梦有荒诞性，贾宝玉睡侄媳妇的床就已经荒诞，神游"太虚幻境"遇迷津大呼"可卿救我"，更荒诞。著名作家王蒙认为"荒诞也是人的精神主体的一种要求，当科学性、必然性、可知性不能完全满足人的主体要求包括经验的要求、理解的要求与观赏、享受的要求的时候，梦幻性与荒诞性就应运而生，正像人们会在梦中得到现实中得不到的东西与体验一样。""荒诞、幻化也是一种美，是一种突破了现实的硬壳、摆脱了大地的芜杂的美，就像梦的美、痴的美、醉（酒）的美、疯狂的美一样。"荒诞美正是作者在美学上的一种追求。梦还有隐喻性，此处曲笔写秦可卿与公公贾珍的私情，宝玉梦中与可卿云雨、秦可卿房子的布置和她说的"我这屋子大约神仙也可以住得了"的话就是相互印证。

2. 二姐之死。善良往往是漂亮女人致命的硬伤，尤二姐的悲剧就如此，她直接威胁到王熙凤的利益，而又胸无城府，自然被醋意成性的王熙凤玩弄于股掌之间。第六十九回写尤二姐梦中尤三姐劝她提防王熙凤，姐妹俩对自身行为进行深刻忏悔，但她俩心灵能救赎而肉体始终无法救赎。

日有所思，夜有所梦，心理学家弗洛伊德认为"梦是潜意识欲望的满足"，也就说梦是潜意识对显意识的胜利和成功外溢，是现实的写照，二姐潜意识里始终思念妹妹，只有梦能实现姐妹相见，同时构成对"太虚幻境"内容的呼应。作者写尤二姐走投无路，对生命充满绝望，铺垫饮恨吞金的悲剧，震撼人心，让读者潸然；也侧写王熙凤狠毒，抨击贾府人伦之乱和人情冷酷，鲁迅说"悲剧就是把有价值的东西毁灭给人看"，它比喜剧给人更大的艺术震撼。

## 八、植物异象超前预见人物死亡

晴雯风流灵巧，丫鬟里数一流，能进入十二钗实在不易，但死于有能力有姿容。第七十七回宝玉几天前发现"阶下好好的一株海棠花，竟无故死了半边"，后来"五更方睡去时"，梦见晴雯说笑来别。

海棠花象征晴雯的纯洁、可爱、美丽，借植物写人物命运，足见魔幻手法的丰富，此处又同梦境组合，是作者的创造。梦往往有预见性，灵巧的晴雯确乎死了，死亡与悲剧在大观园开始上演，大观园开始走向毁灭。

## 九、真境幻觉组合人物实现嬗变

幻觉显真境，利用二者的组合刻画人物心理同时表现人物思想性格是《红楼梦》的独特表现，看看尤三姐死后第六十六回中对柳湘莲的影响。

"正走之间，只见薛蟠的小厮寻他家去，那湘莲只管出神。那小厮带他到新房之中，十分齐整。忽听环珮叮当，尤三姐从外而入，一手捧着鸳鸯剑，一手捧着一卷册子"向柳湘莲泣别，尤三姐语言和行为让"湘莲警觉，似梦非梦，睁眼看时，那里有薛家小童，也非新室，竟是一座破庙，旁边坐着一个跏腿道士捕虱。"

此处描写有声有色，人物有情有义，这是柳湘莲买了棺木哭别尤三姐死尸走出贾家行走在路上时产生的幻觉，这绝不是梦境，有研究者把它归于梦境是不对的，梦境与幻觉是有区别的。

尤三姐刚烈自杀，柳湘莲后悔莫及，为情所困，顺理成章出现幻觉，情破之日，顿然彻悟，心灵大受震动，自觉皈依佛门，实现心灵的突围和思想性格的嬗变，体现了一部名著的多视角和多隐喻的丰富性，也注解了人物性格的可变性和多元性。

## 十、姊弟中邪发狂内部矛盾裂变

矛盾无时不有，无处不在，第二十五回马道婆协助赵姨娘暗算王熙凤贾宝玉是荣府内部矛盾的一次大爆发，而酸凤姐大闹宁国府相对荣国府是一次外部矛盾的大爆发，一暗一明一隐一显，效果形成鲜明对照。

贾宝玉王熙凤受到暗算，寻死觅活把贾府搞得天昏地摇，是一幻；僧道双真用"玉"救两人，又是一幻。

写马道婆唯利是图见风使舵，写赵姨娘无耻下流邪恶残忍，都十分传神，两个人物没有道德底线，令人可憎，作者刻画人物手法娴熟，现实不够发力，就借助魔幻手法。他揭示人际矛盾冲突更是高超，前面有贾环拨倒灯油暗算兄长的狠毒行为做铺垫，此处用神道入场把贾府嫡庶之间严重的矛盾冲突推向高点，为三十三回因骨肉谗言宝玉挨打再做垫笔。"一僧一道丑陋的外表下是真实不虚的真理，是美与善的结合"[⑨]，此片段引僧道再度入世远接开篇，给读者介绍了宝玉的实际年龄，正道制服邪恶，姊弟化危为安，使情节逆转大起波澜。

## 十一、先祖传声告诫灾难已经迫近

第七十五回写得着实恐怖吓人，视觉展示恐怖的环境，听觉展示恐怖的声音，很有感染力。"那天将有三更时分，贾珍酒已八分。大家正添衣饮茶，换盏更酌之际，忽听那边墙下有人长叹之声。大家明明听见，都悚然疑畏起来。"贾珍忙厉声喝问，没人答应，"一语未了，只听得一阵风声，竟过墙去了。恍惚闻得祠堂内槅扇开阖之声。只觉得风气森森，比先更觉凉飒起来；月色惨淡，也不似先明朗。"

视听结合，营造氛围，很有张力，大有寓意。"寓意，指的是魔幻现实主义作家在反映现实生活、吐露心声时往往运用曲折的手法，在充满奇特怪异的形象和情节中寄寓着深刻的现实意义。"祖宗叹息子孙声色犬马，享乐过度，败亡会从东府先起，这是作者悲情的曲折传递。

结语：魔幻手法在中国源远流长，不管科学著作还是文史著作多有体现，《红楼梦》魔幻手法涉及神话、传说、自然、植物、神仙、僧道、冥鬼、疾病、梦幻等，时隐时显，时远时近，有长有短，有疏有密，把复杂的人情世相表现得惟妙惟肖，把情节的张弛设计得丝丝合缝，也把作者的爱恨情仇刻画得入木三分；作者这种多视角的写作手法很超前，很成功，影响了后来的文学创作，现当代小说家对魔幻手法的借鉴很多，最有代表性的是莫言，他的系列长篇，形成历史、传说、现实相结合的魔幻特色，驰名世界，载誉文坛。

笔者梳理《红楼梦》中的魔幻手法，意在为文学创作和评论提供一定的参考。

幻者，空也，因空见色；色者，现实，因色悟空。《红楼梦》，魔幻现实的经典，魔幻手法运用的经典。

**参考书目：**

①杨晓莲：《论魔幻现实主义文学的"魔幻"表现手法》，《渝西学院学报》，第 46 页。

②吴敏：《孤独之悲与魔幻之美——解读〈百年孤独〉》，《浙江树人大学学报》，2004 年 1 月第 4 卷第 1 期第 64 页。

③梅新林 崔小敬：《现实时空与魔幻时空》，《红楼梦学刊》2003 年第 3 辑第 47 页。

④梅新林 崔小敬：《现实时空与魔幻时空》，《红楼梦学刊》2003 年第 3 辑第 55 页。

⑤王兵：《三种梦境，一样人生——〈庄子〉、〈牡丹亭〉、〈红楼梦〉之梦》，《辽宁教育行政学院学报》，2004 年 5 月第 21 卷第 5 期第 75 页。

⑥王兵：《三种梦境，一样人生——〈庄子〉、〈牡丹亭〉、〈红楼梦〉之梦》，《辽宁教育行政学院学报》，2004 年 5 月第 21 卷第 5 期第 75 页。

⑦王志尧：《幻化的世界别样幽——〈红楼梦〉梦境疏解》，《郑州轻工业学院学报》（社会科学版），2001 年 12 月第 2 卷第 4 期第 25 页。

⑧李梅、沈黎江：《浅析〈红楼梦〉梦境手法及其艺术审美》，《喀什师范学院学报》，2006 年 3 月第 27 卷第 2 期第 71 页。

⑨徐小娜：《万境都如梦境看——论红楼梦一僧一道形象的内涵》，《审美与文学》第 86 页。

# 怪人呆话知多少

　　贾宝玉在贾府中是个另类，和贾家其他男人差距很大，在他人的眼中，他时时扮演着怪诞的行为角色。

## 一、抓周悖情天定

　　"……那年周岁时，政老爹便要试他将来的志向，便将那世上所有之物摆了无数，与他抓取。谁知他一概不取，伸手只把些脂粉钗环抓来。政老爹便大怒了，说：'将来酒色之徒耳！'因此便大不喜悦。独那史老太君还是命根一样。"（第二回）

　　袭人道："再不可毁僧谤道，调脂弄粉。还有更要紧的一件，再不许吃人嘴上擦的胭脂了，与那爱红的毛病儿。"宝玉道："都改，都改。再有什么，快说。"（第十九回）

　　胭脂花草专为宝玉设置，宝玉前世为石，石与花草相伴相生，不离不弃，他爱胭脂纯属天性，俗人如何懂得作者的深意。

## 二、蔑视须眉浊物

　　贾宝玉"天性崇拜女性"（著名红学家孙玉明教授观点），所以宝玉骨子里是重女轻男的，他的这一思想别人弄不通，只看走眼："说来又奇，如今长了七八岁，虽然淘气异常，但其聪明乖觉处，百个不及他一个。说起孩子话来也奇怪，他说：'女儿是水作的骨肉，男人是泥作的骨肉。我见了女儿，我便清爽，见了男子，便觉浊臭逼人。'你道好笑不好笑，将来色鬼无疑了!"（第二回）

他便料定，原来天生人为万物之灵，凡山川日月之精秀，只钟于女儿，须眉男子不过是些渣滓浊沫而已。因有这个呆念在心，把一切男子都看成混沌浊物，可有可无。只是父亲叔伯兄弟中，因孔子是亘古第一人说下的，不可忤慢，只得要听他这句话。所以，弟兄之间不过尽其大概的情理就罢了，并不想自己是丈夫，须要为子弟之表率。是以贾环等都不怕他，却怕贾母，才让他三分。（第二十回）

此处彰显宝玉思想进步，否定伦理尊卑，特别对男权制不齿，他大不同其他男人。

## 三、厌倦功名利禄

宝玉笑道："除《四书》外，杜撰的太多，偏只我是杜撰不成?"（第三回）

当下秦氏引了一簇人来至上房内间。宝玉抬头看见一幅画贴在上面，画的人物固好，其故事乃是《燃藜图》，也不看系何人所画，心中便有些不快。又有一幅对联，写的是：

世事洞明皆学问，人情练达即文章。

及看了这两句，纵然室宇精美，铺陈华丽，亦断断不肯在这里了，忙说："快出去! 快出去!"（第五回）（宝玉很早敏锐地看出科举制的腐朽，所以从骨子里蔑视科举制。）

宝玉忙笑道："你说，那几件? 我都依你。好姐姐，好亲姐姐，别说两三件，就是两三百件，我也依。只求你们同看着我，守着我，等我有一日化成了飞灰，——飞灰还不好，灰还有形有迹，还有知识。——等我化成一股轻烟，风一吹便散了的时候，你们也管不得我，我也顾不得你们了。那时凭我去，我也凭你们爱那里去就去了。"

袭人道："第二件，你真喜读书也罢，假喜也罢，只是在老爷跟前或在别人跟前，你别只管批驳消谤，只作出个喜读书的样子来，也教老爷少生些气，在人前也好说嘴。他心里想着，我家代代读书，只从有了你，不承望你不喜读书，已经他心里又气又愧了。而且背前背后乱说那些混话，凡读书上进的人，你就起个名字叫作'禄蠹'；又说只除'明明德'外无书，都是前人自己不能解圣人之书，便另出己意，混编纂出来的。这些话，怎么怨得老爷不气，不时时打你。叫别人怎么想你？"（第十九回）

湘云笑道："还是这个情性不改。如今大了，你就不愿读书去考举人进士的，也该常常的会会这些为官做宰的人们，谈谈讲讲些仕途经济的学问，也好将来应酬世务，日后也有个朋友。没见你成年家只在我们队里搅些什么！"宝玉听了道："姑娘请别的姊妹屋里坐坐，我这里仔细污了你知经济学问的。"袭人道："云姑娘快别说这话。上回也是宝姑娘也说过一回，他也不管人脸上过的去过不去，他就咳了一声，拿起脚来走了。这里宝姑娘的话也没说完，见他走了，登时羞的脸通红，说又不是，不说又不是。幸而是宝姑娘，那要是林姑娘，不知又闹到怎么样，哭的怎么样呢。提起这个话来，真真的宝姑娘叫人敬重，自己讪了一会子去了。我倒过不去，只当他恼了。谁知过后还是照旧一样，真真有涵养，心地宽大。谁知这一个反倒同他生分了。那林姑娘见你赌气不理他，你得赔多少不是呢。"宝玉道："林姑娘从来说过这些混帐话不曾？若他也说过这些混帐话，我早和他生分了。"袭人和湘云都点头笑道："这原是混帐话。"（第三十二回）

那宝玉本就懒与士大夫诸男人接谈，又最厌峨冠礼服贺吊往还等事，今日得了这句话，越发得了意，不但将亲戚朋友一概杜绝了，而且连家庭中晨昏定省亦发都随他的便了，日日只在园中游卧，不过每日一清早到贾母王夫人处走走就回来了，却每每甘心为诸丫鬟充役，竟也得十分闲消日月。或如宝钗辈有时见机导劝，反生起气来，只说"好好的一个清净洁白女儿，也学的钓名沽誉，入了国贼禄鬼之流。这总是前人无故生事，立言竖辞，原为导后世的须眉浊物。不想我生不幸，亦且琼闺绣阁中亦染此风，真真有负天地钟灵毓秀之德!"因此祸延古人，除四书外，竟将别的书焚了。众人见他如此疯颠，也都不向他说这些正经话了。独有林黛玉自幼不曾劝他去立身扬名等语，所以深敬黛玉。（宝玉否定礼教、蔑视功名毫不掩饰。）（第三十六回）

……奈今人全惑于功名二字，尚古之风一洗皆尽，恐不合时宜，于功名有碍之故。我又不希罕那功名，不为世人观阅称赞，何必不远师楚人之《大言》《招魂》《离骚》《九辩》《枯树》《问难》《秋水》《大人先生传》等法，或杂参单句，或偶成短联，或用实典，或设譬寓，随意所之，信笔而去，喜则以文为戏，悲则以言志痛，辞达意尽为止，何必若世俗之拘拘于方寸之间哉。（此处为宝玉写《芙蓉女儿诔》时的狂想，浪漫主义的笔法，突出了晴雯的纯洁和宝玉的才情。否定科举，肯定男人的肮脏，宝玉不和女儿交往，哪里还有路可选?）（第七十八回）

## 四、荒诞言行藏痴情

我要有外心，立刻就化成灰，叫万人践踏!（此处是湘云脱口说出小旦像林黛玉，宝玉暗示于湘云，湘云却发火于宝玉。）（第二十二回）

宝钗生的肌肤丰泽，容易褪不下来。宝玉在旁看着雪白一段酥臂，不觉动了羡慕之心，暗暗想道："这个膀子要长在林妹妹身上，或者还得摸一摸，偏生长在他身上。"正是恨没福得摸，忽然想起"金玉"一事来，再看看宝钗形容，只见脸若银盆，眼似水杏，唇不点而红，眉不画而翠，比林黛玉另具一种妩媚风流，不觉就呆了，宝钗褪了串子来递与他也忘了接。（通过比较，写出宝玉的矛盾思想，有矛盾，才显得真实。）（第二十八回）

宝玉笑道："你们把极小的事倒说大了。好好的为什么不来？我便死了，魂也要一日来一百遭。妹妹可大好了？"（前面黛玉因晴雯没开门而气恼，宝玉并不知，来看她，来取悦她。）（第三十回）

伏中阴晴不定，片云可以致雨，忽一阵凉风过了，唰唰的落下一阵雨来。宝玉看着那女子头上滴下水来，纱衣裳登时湿了。宝玉想道："这时下雨。他这个身子，如何禁得骤雨一激！"因此禁不住便说道："不用写了。你看下大雨，身上都湿了。"那女孩子听说倒唬了一跳，抬头一看，只见花外一个人叫他不要写了，下大雨了。一则宝玉脸面俊秀，二则花叶繁茂，上下俱被枝叶隐住，刚露着半边脸，那女孩子只当是个丫头，再不想是宝玉，因笑道："多谢姐姐提醒了我。难道姐姐在外头有什么遮雨的？"一句提醒了宝玉，"嗳哟"了一声，才觉得浑身冰凉。低头一看，自己身上也都湿了。说声"不好"，只得一气跑回怡红院去了，心里却还记挂着那女孩子没处避雨。（第三十回）

那玉钏见生人来，也不和宝玉厮闹了，手里端着汤只顾听话。宝玉又只顾和婆子说话，一面吃饭，一面伸手去要汤。两个人的眼睛都看着人，不想伸猛了手，便将碗碰翻，将汤泼了宝玉手上。玉钏儿倒不曾烫着，唬了一跳，忙笑了，"这是怎么说！"慌的丫头们忙上来接碗。宝玉自己烫了手倒不觉的，却只管问玉钏儿："烫了那里了？疼不疼？"玉钏儿和众人都笑了。玉钏儿道："你自己烫了，只管问我。"宝玉听说，方觉自己烫了。众人上来连忙收拾。宝玉也不吃饭，洗手吃茶，又和那两个婆子说了两句话。然后两个婆子告辞出去，晴雯等送至桥边方回。

那两个婆子见没人了，一行走，一行谈论。这一个笑道："怪道有人说他家宝玉是外像好里头糊涂，中看不中吃的，果然有些呆气。他自己烫了手，倒问人疼不疼，这可不是个呆子？"那一个又笑道："我前一回来，听见他家里许多人抱怨，千真万真的有些呆气。大雨淋的水鸡似的，他反告诉别人'下雨了，快避雨去罢。'你说可笑不可笑？时常没人在跟前，就自哭自笑的，看见燕子，就和燕子说话，河里看见了鱼，就和鱼说话，见了星星月亮，不是长吁短叹，就是咕咕哝哝的。且是连一点刚性也没有，连那些毛丫头的气都受的。爱惜东西，连个线头儿都是好的；糟踏起来，那怕值千值万的都不管了。"两个人一面说，一面走出园来，辞别诸人回去，不在话下。（第三十五回）

以上五处凸显了关心别人而忘掉自身的呆傻劲儿，这是宝玉善良的表现，男孩光有善良，无法立足男人社会。

兴儿笑道："姨娘别问他，说起来姨娘也未必信。他长了这么大，独他没有上过正经学堂。我们家从祖宗直到二爷，谁不是寒窗十载，偏他不喜欢读书。老太太的宝贝，老爷先还管，如今也不敢管了。成天家疯疯颠颠的，说的话人也不懂，干的事人也不知。外头人人看着好清俊模样儿，心里自然是聪明的，谁知是外清而内浊，见了人，一句话也没有。所有的好处，虽没上过学，倒难为他认得几个字。每日也不习文，也不学武，又怕见人，只爱在丫头群里闹。再者也没刚柔，有时见了我们，喜欢时没上没下，大家乱顽一阵，不喜欢各自走了，他也不理人。我们坐着卧着，见了他也不理，他也不责备。因此没人怕他，只管随便，都过的去。"（行为奇葩，不容于世俗，可悲可叹！）（第六十六回）

## 五、戏谑忠君逆传统

宝玉谈至浓快时，见他不说了，便笑道："人谁不死，只要

死的好。那些个须眉浊物，只知道文死谏，武死战，这二死是大
丈夫死名死节。竟何如不死的好！必定有昏君他方谏，他只顾邀
名，猛拼一死，将来弃君于何地！必定有刀兵他方战，猛拼一
死，他只顾图汗马之名，将来弃国于何地！所以这皆非正死。"
袭人道："忠臣良将，出于不得已他才死。"宝玉道："那武将不
过仗血气之勇，疏谋少略，他自己无能，送了性命，这难道也是
不得已！那文官更不可比武官了，他念两句书汗在心里，若朝廷
少有疵瑕，他就胡谈乱劝，只顾他邀忠烈之名，浊气一涌，即时
拼死，这难道也是不得已！还要知道，那朝廷是受命于天，他不
圣不仁，那天地断不把这万几重任与他了。可知那些死的都是沽
名，并不知大义。比如我此时若果有造化，该死于此时的，趁你
们在，我就死了，再能够你们哭我的眼泪流成大河，把我的尸首
漂起来，送到那鸦雀不到的幽僻之处，随风化了，自此再不要托
生为人，就是我死的得时了。"（第三十六回）

宝玉道："我素日因恨俗人不知原故，混供神混盖庙，这都
是当日有钱的老公们和那些有钱的愚妇们听见有个神，就盖起庙
来供着，也不知那神是何人，因听些野史小说，便信真了。比如
这水仙庵里面因供的是洛神，故名水仙庵，殊不知古来并没有个
洛神，那原是曹子建的谎话，谁知这起愚人就塑了像供着。今儿
却合我的心事，故借他一用。"（祭奠金钏儿）（第四十三回）

以上两处是宝玉对传统文化辛辣地批判和嘲讽，不是曹公的
思想吗？

## 六、嘲讽女人变势利

怨不得宝玉说："女孩儿未出嫁，是颗无价之宝珠，出了嫁，
不知怎么就变出许多的不好的毛病来，虽是颗珠子，却没有光彩
宝色，是颗死珠了，再老了，更变的不是珠子，竟是鱼眼睛了。

分明一个人，怎么变出三样来？"这话虽是混话，倒也有些不差。（第五十九回）

奇怪，奇怪，怎么这些人只一嫁了汉子，染了男人的气味，就这样混账起来，比男人更可杀人！（此处宝玉见周瑞家的骂司棋，几个媳妇不由分说拉着司棋走了，宝玉气愤至极。）（第七十六回）

## 七、人生之路通何处

出路揣摩：贾宝玉特别喜欢称赞《鲁之深醉闹五台山》戏文，王熙凤也说"举眼看看，谁不是儿女？难道将来只有宝兄弟顶了你老人家上五台山不成？"（第二十二回）暗示他以后应该出家了，正像惜春第一次出场就和智能儿玩（第七回"我明儿也要剃了头跟他作姑子去"），也是对惜春归宿的暗示。贾宝玉曾在第三十回和第三十一回两次说过当和尚也是暗示，加上他前身同和尚的渊源，足以推断。

宝玉听了笑道："你往那去呢？"林黛玉道："我回家去。"宝玉笑道："我跟了你去。"林黛玉道："我死了。"宝玉道："你死了，我做和尚！"林黛玉一闻此言，登时将脸放下来，问道："想是你要死了，胡说的是什么！你家倒有几个亲姐姐亲妹妹呢，明儿都死了，你几个身子去作和尚？明儿我倒把这话告诉别人去评评。"（第三十回）

"你死了，我作和尚去。"……（黛玉）抿嘴笑道："作了两个和尚了。我从今以后都记着你作和尚的遭数儿。"（第三十一回）

行为不随流俗，在男权制社会，宝玉不出世，哪里还有出路？做和尚，是回到青埂峰的唯一路径吧。

# 三面镜子

《史记》在介绍人物时创造互见手法，使人物形象形成明显对比，《红楼梦》对其进行了发展，人物描写互为参照，互为映衬，人物形象丰满，给读者留下深刻的影响。《红楼梦》里互见手法就是镜子的运用，下面举三面镜子来说明。

## 一、贾宝玉的镜子

### 1. 甄宝玉，贾宝玉乖张的镜子

两个宝玉有好多相似性，如家庭地位、肖像、语言、爱好、性格、行为、淘气度，特别对女孩的特殊感情、不爱科举等。

雨村笑道："去岁我在金陵，也曾有人荐我到甄府处馆。我进去看其光景，谁知他家那等显贵，却是个富而好礼之家，倒是个难得之馆。但这一个学生，虽是启蒙，却比一个举业的还劳神。说起来更可笑，他说：'必得两个女儿伴着我读书，我方能认得字，心里也明白，不然我自己心里糊涂。'（甲戌侧批：甄家之宝玉。乃上半部不写者，故此处极力表现，以强遥照贾家之宝玉，凡写贾宝玉之文，则正为真宝玉传影。）又常对跟他的小厮们说：'这女儿两个字，极尊贵，极清净的，比那阿弥陀佛，元始天尊的这两个宝号还更尊荣无对的呢！你们这浊口臭舌，万不可唐突了这两个字要紧。但凡要说时，必须先用清水香茶漱了口才可，设若失错，便要凿牙穿腮等事。'其暴虐浮躁，顽劣憨痴，种种异常。只一放了学，进去见了那些女儿们，其温厚和平，聪敏文雅，竟又变了一个。因此，他令尊也曾下死笞楚过几次，无奈竟不能改。每打的吃疼不过时，他便'姐姐''妹妹'乱叫起来。后来听得里面女儿们拿他取笑：'因何打急了只管叫姐妹做甚？莫不是求姐妹去说情讨饶？你岂不愧些！'他回答的最妙。他说：'急疼之时，只叫"姐姐""妹妹"字样，或可解疼也未可知，因叫了一声，便果觉不疼了，遂得了秘法：每疼痛之极，便连叫姐妹起来了。'你说可笑不可笑？也因祖母溺爱不明，每因孙辱师责子，因此我就辞了馆出来。如今在这巡盐御史林家做馆了。你看，这等子弟，必不能守祖父之根基，从师长之规谏的。只可惜他家几个姊妹都是少有的。"（第二回）

甄士隐最先出场有何作用？孙玉明教授认为，甄家的"小荣枯"暗示贾家的"大荣枯"。很有道理，真假一家，以真映假，以假衬真；小说还有更大的视野，就是以江南甄家的大荣枯映射贾家的大荣枯，从贾宝玉和甄宝玉的比较中略见一斑，因此，甄家因祸家破人散是贾府覆灭的镜子，甄家被抄亦是贾家末路的镜子。

**2. 秦琼卿，贾宝玉俗世的镜子**

贾宝玉和秦钟风流和柔弱几乎一样，都带有明显的女性之态、女性之美，两个一见如故，心灵相通。

说着，果然出去带进一个小后生来，较宝玉略瘦些，眉清目秀，粉面朱唇，身材俊俏，举止风流，似在宝玉之上，只是怯怯羞羞，有女儿之态，腼腆含糊，慢向凤姐作揖问好。凤姐喜的先推宝玉，笑道："比下去了！"便探身一把携了这孩子的手，就命他身傍坐了，慢慢的问他：几岁了，读什么书，弟兄几个，学名唤什么。秦钟一一答应了。早有凤姐的丫鬟媳妇们见凤姐初会秦钟，并未备得表礼来，遂忙过那边去告诉平儿。平儿知道凤姐与秦氏厚密，虽是小后生家，亦不可太俭，遂自作主意，拿了一匹尺头，两个"状元及第"的小金锞子，交付与来人送过去。凤姐犹笑说太简薄等语。秦氏等谢毕。一时吃过饭，尤氏、凤姐、秦氏等抹骨牌，不在话下。

那宝玉自见了秦钟的人品出众，心中似有所失，痴了半日，自己心中又起了呆意，乃自思道："天下竟有这等人物！如今看来，我竟成了泥猪癞狗了。可恨我为什么生在这侯门公府之家，若也生在寒门薄宦之家，早得与他交结，也不枉生了一世。我虽如此比他尊贵，可知锦绣纱罗，也不过裹了我这根死木头，美酒羊羔，也不过填了我这粪窟泥沟。'富贵'二字，不料遭我荼毒了！"秦钟自见了宝玉形容出众，举止不凡，更兼金冠绣服，骄婢侈童，秦钟心中亦自思道："果然这宝玉怨不得人溺爱他。可恨我偏生于清寒之家，不能与他耳鬓交接，可知'贫窭'二字限人，亦世间之大不快事。"二人一样的胡思乱想。忽然宝玉问他读什么书。秦钟见问，因而答以实话。二人你言我语，十来句后，越觉亲密起来。（第七回）

宝玉和秦钟从肖像、爱好、思想有好多相似性，曹公意在告诉读者男性世俗的一面不可回避。

### 3. 芳官，贾宝玉女性化的镜子

对宝玉和芳官，曹公突出两人外形的相似度，与贾宝玉和秦钟相比明显有其侧重点。

一时将正装卸去，头上只随便挽着纂儿，身上皆是长裙短袄。宝玉只穿着大红棉纱小袄子，下面绿绫弹墨袷裤，散着裤脚，倚着一个各色玫瑰芍药花瓣装的玉色夹纱新枕头，和芳官两个先划拳。当时芳官满口嚷热，只穿着一件玉色红青酡绒式三色缎子斗的水田小夹袄，束着一条柳绿汗巾，底下水红撒花夹裤，也散着裤腿。头上眉额编着一圈小辫，总归至顶心，结一根鹅卵粗细的总辫，拖在脑后。右耳眼内只塞着米粒大小的一个小玉塞子，左耳上单带着一个白果大小的硬红镶金大坠子，越显的面如满月犹白，眼如秋水还清。引的众人笑说："他两个倒像是双生的弟兄两个。"（第六十三回）

"三官"绝情归水月之路就是宝玉的未来之路，曹公的远见化在生活的点滴中，用情真细真深。

## 二、林黛玉的镜子

### 1. 晴雯，林黛玉傲世的镜子

（1）一副刀子苦嘴

周瑞家的道："各位都有了，这两枝是姑娘的了。"黛玉冷笑道："我就知道，别人不挑剩下的也不给我。"（第七回）

晴雯冷笑道："怪道呢！原来爬上高枝儿去了，把我们不放在眼里。不知说了一句话半句话，名儿姓儿知道了不曾呢，就把他兴的这样！这一遭半遭儿的算不得什么，过了后儿还得听呵！有本事从今儿出了这园子，长长远远的在高枝儿上才算得。"一面说着去了。（第二十七回）

晴雯笑道："呸！没见世面的小蹄子！那是把好的给了人，挑剩下的才给你，你还充有脸呢。"秋纹道："凭他给谁剩的，到底是太太的恩典。"晴雯道："要是我，我就不要。若是别人剩下的给我，也罢了。一样这屋里的人，难道谁又比谁高贵些？把好的给他，剩下的才我，我宁可不要，冲撞了太太，我也不受这口软气。"秋纹忙问："给这屋里谁的？我因为前儿病了几天，家去了，不知是给谁的。好姐姐，你告诉我知道知道。"晴雯道："我告诉了你，难道你这会退还太太去不成？"（第三十七回）

两人的言行举止太像了，是不是双胞胎？

（2）一袭袅娜风姿

王善保家的道："别的都还罢了。太太不知道，一个宝玉屋里的晴雯，那丫头仗着他生的模样儿比别人标致些，又生了一张巧嘴，天天打扮的像个西施的样子，在人跟前能说惯道，掐尖要强。一句话不投机，他就立起两个骚眼睛来骂人，妖妖趫趫，大不成个体统。"

王夫人听了这话，猛然触动往事，便问凤姐道："上次我们跟了老太太进园逛去，有一个水蛇腰，削肩膀，眉眼又有些像你林妹妹的，正在那里骂小丫头。我的心里很看不上那狂样子，因同老太太走，我不曾说得。后来要问是谁，又偏忘了。今日对了坎儿，这丫头想必就是他了。"凤姐道："若论这些丫头们，共总比起来，都没晴雯生得好。论举止言语，他原有些轻薄。方才太太说的倒很像他，我也忘了那日的事，不敢乱说。"

素日这些丫鬟皆知王夫人最嫌趫妆艳饰语薄言轻者，故晴雯不敢出头。今因连日不自在，并没十分妆饰，自为无碍。及到了凤姐房中，王夫人一见他钗𪩘鬓松，衫垂带褪，有春睡捧心之遗风，而且形容面貌恰是上月的那人，不觉勾起方才的火来。王夫人原是天真烂漫之人，喜怒出于心臆，不比那些饰词掩意之人，今既真怒攻心，又勾起往事，便冷笑道："好个美人！真像病西施了。你天天作这轻狂样儿给谁看？你干的事，打量我不知道呢！我且放着你，自然明儿揭你的皮！宝玉今日可好些？"（第七十四回）

中伤，是因为漂亮。漂亮的女儿，一定要加倍小心，因为在别人眼中漂亮往往有错，这是否是曹公有意为之？

（3）一身傲世奇才

林黛玉拥有咏絮之才，晴雯勇补金雀之裘，这都是智慧的比照。

（4）一颗反叛之心

到了晴雯的箱子，因问："是谁的，怎不开了让搜？"袭人等方欲代晴雯开时，只见晴雯挽着头发闯进来，豁一声将箱子掀开，两手捉着底子，朝天往地下尽情一倒，将所有之物尽都倒出。（第七十四回）

晴雯敢泄愤，对无理抄检抗议；黛玉也敢于反叛。晴雯悲剧的结局仿佛黛玉悲剧的结局，只不过细节不同而已。

（5）一曲伤痛挽歌

晴雯含恨病死，死后继续中枪，这不是人间常有的事吗？人性险恶，王夫人有善的一面，也有恶的复杂。

贾母听了，点头道："这倒是正理，我也正想着如此呢。但晴雯那丫头我看他甚好，怎么就这样起来。我的意思这些丫头的模样爽利言谈针线多不及他，将来只他还可以给宝玉使唤得。谁知变了。"（第七十八回）此处分明是王夫人落井下石，赶走重病的晴雯，还说他有"女儿痨"，贾母被骗深了。抄检大观园，逼死晴雯，赶走司棋、入画、四儿（蕙香），芳官、蕊官、藕官无父无母欣然跌落佛门黑洞，迎春、宝钗搬出。大观园，荒芜的时代到来。

黛玉病死泪尽，香魂不知何处。

断章，让读者猜想黛玉归天之时，又不见伤逝之境而沉重淡去几分。

### 2. 龄官，林黛玉痴情的镜子

一面想，一面又恨认不得这个是谁。再留神细看，只见这女孩子眉蹙春山，眼颦秋水，面薄腰纤，袅袅婷婷，大有林黛玉之态。宝玉早又不忍弃他而去，只管痴看。只见他虽然用金簪划地，并不是掘土埋花，竟是向土上画字。宝玉用眼随着簪子的起落，一直一画一点一勾的看了去，数一数，十八笔。自己又在手心里用指头按着他方才下笔的规矩写了，猜是个什么字。写成一想，原来就是个蔷薇花的"蔷"字。宝玉想道："必定是他也要作诗填词。这会子见了这花，因有所感，或者偶成了两句，一时兴至恐忘，在地下画着推敲，也未可知。且看他底下再写什么。"一面想，一面又看，只见那女孩子还在那里画呢，画来画去，还是个"蔷"字。再看，还是个"蔷"字。里面的原是早已痴了，画完一个又画一个，已经画了有几千个"蔷"。外面的不觉也看痴了，两个眼睛珠儿只管随着簪子动，心里却想："这女孩子一定有什么话说不出来的大心事，才这样个形景。外面既是这个形景，心里不知怎么熬煎。看他的模样儿这般单薄，心里那里还搁的住熬煎。可恨我不能替你分些过来。"（第三十回）

龄官痴情地写"蔷"字，让宝玉心动、爱怜，大有深意，侧写林黛玉对宝玉的真情，呼应木石前盟。

### 3. 妙玉，林黛玉超俗的镜子

黛玉、妙玉、湘云一样父母双亡，三个贵族小姐命运异中见同。

宝玉听了诧异，说道："他为人孤僻，不合时宜，万人不入他目。……"（第六十三回）这是黛玉式的脱俗。

### 4. 尤三姐，林黛玉凄美的镜子

"奶奶不知道，我们家的姑娘不算，另外有两个姑娘，真是天上少有，地下无双。一个是咱们姑太太的女儿，姓林，小名儿叫什么黛玉，面庞身段和三姨不差什么，一肚子文章，只是一身多病，这样的天，还穿夹的，出来风儿一吹就倒了。我们这起没王法的嘴都悄悄的叫他'多病西施'。还有一位姨太太的女儿，姓薛，叫什么宝钗，竟是雪堆出来的。每常出门或上车，或一时院子里瞥见一眼，我们鬼使神差，见了他两个，不敢出气儿。"尤二姐笑道："你们大家规矩，虽然你们小孩子进的去，然遇见小姐们，原该远远藏开。"兴儿摇手道："不是，不是。那正经大礼，自然远远的藏开，自不必说。就藏开了，自己不敢出气，是生怕这气大了，吹倒了姓林的，气暖了，吹化了姓薛的。"说的满屋里都笑起来了。(第六十五回)

刚猛的晴雯和尤三姐先后死去，林黛玉岂能久活人世呢?

## 三、王熙凤的镜子

### 1. 尤二姐，王熙凤美艳的镜子

无奈二姐倒是个多情人，以为贾琏是终身之主了，凡事倒还知疼著痒。若论起温柔和顺，凡事必商必议，不敢恃才自专，实较凤姐高十倍，若论标致，言谈行事，也胜五分。(第六十五回)

王熙凤的失败，就是缺少尤二姐式的温柔与退让。

### 2. 夏金桂，王熙凤狠毒的镜子

原来这夏家小姐今年方十七岁，生得亦颇有姿色，亦颇识得几个字。若论心中的邱壑经纬，颇步熙凤之后尘。只吃亏了一件，从小时父亲去世的早，又无同胞弟兄，寡母独守此女，娇养溺爱，不啻珍宝，凡女儿一举一动，彼母皆百依百随，因此未免娇养太过，竟酿成个盗跖的性气。爱自己尊若菩萨，窥他人秽如粪土，外具花柳之姿，内秉风雷之性。在家中时常就和丫鬟们使性弄气，轻骂重打的。今日出了阁，自为要作当家的奶奶，比不得作女儿时腼腆温柔，须要拿出这威风来，才钤压得住人，况且见薛蟠气质刚硬，举止骄奢，若不趁热灶一气炮制熟烂，将来必不能自竖旗帜矣，又见有香菱这等一个才貌俱全的爱妾在室，越发添了"宋太祖灭南唐"之意，"卧榻之侧岂容他人酣睡"之心。因他家多桂花，他小名就唤做金桂。他在家时不许人口中带出金桂二字来，凡有不留心误道一字者，他便定要苦打重罚才罢。他因想桂花二字是禁止不住的，须另唤一名，因想桂花曾有广寒嫦娥之说，便将桂花改为嫦娥花，又寓自己身分如此。薛蟠本是个怜新弃旧的人，且是有酒胆无饭力的，如今得了这样一个妻子，正在新鲜兴头上，凡事未免尽让他些。那夏金桂见了这般形景，便也试着一步紧似一步。一月之中，二人气概还都相平，至两月之后，便觉薛蟠的气概渐次低矮了下去。一日薛蟠酒后，不知要行何事，先与金桂商议，金桂执意不从。薛蟠忍不住便发了几句话，赌气自行了，这金桂便气的哭如醉人一般，茶汤不进，装起病来。请医疗治，医生又说"气血相逆，当进宽胸顺气之剂。"薛姨娘恨的骂了薛蟠一顿，说："如今娶了亲，眼前抱儿子了，还是这样胡闹。人家凤凰蛋似的，好容易养了一个女儿，比花朵儿还轻巧，原看的你是个人物，才给你作老婆。你不说收了心安分守己，一心一计和和气气的过日子，还是这样胡闹，灌丧了黄汤，折磨人家。这会子花钱吃药白遭心。"一席话说的薛蟠后悔不迭，反来安慰金桂。金桂见婆婆如此说丈夫，越发得了意，便装出些张致来，总不理薛蟠。薛蟠没了主意，惟自怨而已，好容易十天半月之后，才渐渐的哄转过金桂的心来，自此便加一倍小心，不免气概又矮了半截下来。那金桂见丈夫旗纛渐倒，婆婆良善，也就渐渐的持戈试马起来。先时不过挟制薛蟠，后来倚娇作媚，将及薛姨妈，又将至薛宝钗。宝钗久察其不轨之心，每随机应变，暗以言语弹压其志。金桂知其不可犯，每欲寻隙，又无隙可乘，只得曲意附就。一日金桂无事，因和香菱闲谈，问香菱家乡父母。香菱皆答忘记，金桂便不悦，说有意欺瞒了他。一回问他"香菱"二字是谁起的名字，香菱便答："姑娘起的。"金桂冷笑道："人人都说姑娘通，只这一个名字就不通。"香菱忙笑道："嗳哟，奶奶不知道，我们姑娘的学问连我们姨老爷时常还夸呢。"（七十九回）

王熙凤和夏金桂都貌美心毒，醋心极大，工于心计，很有手段。王熙凤利用秋桐对付尤二姐的手段和夏金桂利用宝蟾对付香菱如出一辙。由于身份不同，曹公写王熙凤采用多点式，写夏金桂是集中式。

王熙凤和夏金桂的失败，不是太狠毒了吗？不是自作自受吗？

《红楼梦》写人很高，后人很难超越，研究几面镜子得出结论，绘形象写精神，有以美衬美法，如林黛玉和晴雯、芳官、妙玉、尤三姐的形象和气质对比，王熙凤和尤二姐、夏金桂的模样对比；有以恶衬恶法（以丑衬丑法），如王熙凤和夏金桂的手段和内心对比，如贾珍贾琏兄弟对比、贾赦贾琏父子对比；有以丑衬美法，如癞头和尚和跛脚道人奇丑无比，和翩翩男子形态形成鲜明反差，这些大丑之人却是大智之人，智慧境界悲悯心胸远高于红楼渣男，并且他们自身也是大丑衬托大美的典范——这不是庄子笔下的畸形人吗？深刻，在写人上，曹公用了庄子笔法，又超越庄子。

# 珍珠有几许

"珍珠"指林黛玉的眼泪，没有眼泪就没有林黛玉，眼泪伴随林黛玉的一生，归纳如下：

（总说还泪）那绛珠仙子道："'他是甘露之惠，我并无此水可还。他既下世为人，我也去下世为人，但我一生所有的眼泪还他，也偿还得过他了。'因此一事，就勾出多少风流冤家来，陪他们去了结此案。"（第一回《甄士隐梦幻识通灵　贾雨村风尘怀闺秀》）

黛玉听了，方洒泪拜别，随了奶娘及荣府几个老妇人登舟而去。（别父亲林如海）

当下地下侍立之人，无不掩面涕泣，黛玉也哭个不住。（初见贾母）

莺哥笑道："林姑娘正在这里伤心，自己淌眼抹泪的说'今儿才，就惹出你家哥儿的狂病倘或摔坏了那玉，岂不是因我之过！'因此便伤心，我好容易劝好了。"（因宝玉前边问她无玉而摔玉）（第三回《贾雨村夤缘复旧职　林黛玉抛父进京都》）

这日不知为何，他二人言语有些不合起来，黛玉又气的独在房中垂泪。（第五回《游幻境指迷十二钗　饮仙醪曲演红楼梦》）

好容易盼至明日午错，果报："琏二爷和林姑娘进府了。"见面时彼此悲喜交集，未免又大哭一阵，后又致喜庆之词。（林黛

玉往苏州赴父丧回来，这次不是单黛玉一人哭。）（第十六回《贾元春才选凤藻宫　秦鲸卿夭逝黄泉路》）

黛玉见如此，越发气起来，声咽气堵，又汪汪的滚下泪来，拿起荷包来又剪。宝玉见他如此，忙回身抢住，笑道："好妹妹，饶了他罢！"黛玉将剪子一摔，拭泪说道："你不用同我好一阵歹一阵的，要恼，就撂开手。这当了什么！"说着，赌气上床，面向里倒下拭泪。（黛玉以为她送宝玉的荷包被仆人解去剪了香袋，惹得宝玉送还荷包。）（第十七回至十八回《大观园试才题对额　荣国府归省庆元宵》）

这里黛玉越发气闷，只向窗前流泪。没两盏茶的工夫，宝玉仍来了。林黛玉见了越发抽抽噎噎的哭个不住。（史湘云来了，宝钗和宝玉一起来看。黛玉不悦，和宝玉拌嘴。）（第二十回《王熙凤正言弹妒意　林黛玉俏语谑娇音》）

说到"欺负"两个字上，早又把眼圈儿红了，转身就走。（宝玉用《西厢记》词回黛玉。）

这里林黛玉见宝玉去了，又听见众姊妹也不在房，自己闷闷的。正欲回房，刚走到梨香院墙角上，只听墙内笛韵悠扬，歌声婉转。林黛玉便知是那十二个女孩子演习戏文呢。只是林黛玉素习不大喜看戏文，便不留心，只管往前走。偶然两句吹到耳内，明明白白，一字不落，唱道是："原来姹紫嫣红开遍，似这般都付与断井颓垣。"林黛玉听了，倒也十分感慨缠绵，便止住步侧耳细听，又听唱道是："良辰美景奈何天，赏心乐事谁家院。"听了这两句，不觉点头自叹，心下自思道："原来戏上也有好文章。可惜世人只知看戏，未必能领略这其中的趣味。"想毕，又后悔不该胡想，耽误了听曲子。又侧耳时，只听唱道："则为你如花美眷，似水流年……"林黛玉听了这两句，不觉心动神摇。又听道："你在幽闺自怜"等句，亦发如醉如痴，站立不住，便一蹲身坐在一块山子石上，细嚼"如花美眷，似水流年"八个字的滋味。忽又想起前日见古人诗中有"水流花谢两无情"之句，再又有词中有"流水落花春去也，天上人间"之句，又兼方才所见《西厢记》中"花落水流红，闲愁万种"之句，都一时想起来，凑聚在一处。仔细忖度，不觉心痛神痴，眼中落泪。正没个开交，忽觉背上击了一下，及回头看时，原来是……（第二十三回《西厢记妙词通戏语　牡丹亭艳曲警芳心》）

黛玉便哭道："如今新兴的，外头听了村话来，也说给我听；看了混账书，也来拿我取笑儿。我成了爷们解闷的。"一面哭着，一面下床来往外就走。（宝玉用《西厢记》词打趣，惹了黛玉。）

谁知晴雯和碧痕正拌了嘴，没好气，忽见宝钗来了，那晴雯正把气移在宝钗身上，正在院内抱怨说："有事没事跑了来坐着，叫我们三更半夜的不得睡觉！"忽听又有人叫门，晴雯越发动了气，也并不问是谁，便说道："都睡下了，明儿再来罢！"林黛玉素知丫头们的情性，他们彼此顽耍惯了，恐怕院内的丫头没听真是他的声音，只当是别的丫头们来了，所以不开门，因而又高声说道："是我，还不开么？"晴雯偏生还没听出来，便使性子说道："凭你是谁，二爷吩咐的，一概不许放人进来呢！"

林黛玉听了，不觉气怔在门外，待要高声问他，逗起气来，自己又回思一番："虽说是舅母家如同自己家一样，到底是客边。如今父母双亡，无依无靠，现在他家依栖。如今认真淘气，也觉没趣。"一面想，一面又滚下泪珠来。正是回去不是，站着不是。正没主意，只听里面一阵笑语之声，细听一听，竟是宝玉、宝钗二人。林黛玉心中益发动了气，左思右想，忽然想起了早起的事来："必竟是宝玉恼我要告他的原故。但只我何尝告你，你也打听打听，就恼我到这步田地。你今儿不叫我进来，难道明儿就不见面了！"越想越伤感起来，也不顾苍苔露冷，花径风寒，独立墙角边花阴之下，悲悲戚戚呜咽起来。（宝玉被贾政叫去，黛玉心里替他忧虑，晚饭后来怡红院。）（第二十六回《蜂腰桥设言传心事　潇湘馆春困发幽情》）

话说林黛玉正自悲泣，忽听院门响处，只见宝钗出来了，宝玉袭人一群人送了出来。待要上去问着宝玉，又恐当着众人问羞了宝玉不便，因而闪过一旁，让宝钗去了，宝玉等进去关了门，方转过来，犹望着门洒了几点泪。自觉无味，方转身回来，无精打彩的卸了残妆。（黛玉见众人送出宝玉，不好向前去问。）

那林黛玉倚着栏杆，两手抱着膝，眼睛含着泪，好似木雕泥塑的一般，直坐到二更多天方才睡了。（黛玉没见成宝玉，独自忧愁。）

将已到了花冢，犹未转过山坡，只听山坡那边有呜咽之声，一行数落着，哭得好不伤感。（黛玉葬花之悲）（第二十七回《滴翠亭杨妃戏彩蝶　埋香冢飞燕泣残红》）

话说林黛玉因昨夜晴雯不开门一事，错疑在宝玉身上。至次日又可巧遇见饯花之期，正是一窍无明正未发泄，又勾起伤春愁思，因把些残花落瓣掩埋，又不得感花伤己，哭了几声，便随口念了几句。

黛玉耳内听了这话，眼内见了这情形，心内不觉灰了大半也不觉滴下泪来，低头不语。（黛玉山坡葬花被宝玉听得，黛玉发现后便走，宝玉跟过去询问时宝玉先流泪。）（第二十八回《蒋玉菡情赠茜香罗　薛宝钗羞笼红麝串》）

林黛玉见他如此，早已哭起来，说道："何苦来，你砸那哑巴物件。又砸他的，不如砸我。"（宝玉因张道士提亲心里不受用和黛玉拌嘴。）

林黛玉一行哭着，一行听了这话说到自己心坎儿上来，可见宝玉连袭人不如，越发伤心大哭起来。（宝玉砸玉，袭人夺下玉后劝说了几句。）

又见林黛玉脸红头胀，一行啼哭，一行气凑，一行是泪，一行是汗，不胜怯弱。

（紫鹃）见三个人都鸦雀无声，各人哭各人的，也由不得伤心起来，也拿手帕子擦泪。四个人都无言对泣。

袭人紫鹃刚要夺，已经剪了几段。林黛玉哭道："我也是白效力。他也不希罕，自有别人替他再穿好的去。"（袭人说了玉上的穗子是黛玉穿的，黛玉夺过去剪。）

原来他二人竟是从未听见过"不是冤家不聚头"的这句俗语，如今忽然得了这句话，好似参禅的一般，都低头细嚼此话的滋味，都不觉潸然泣下。虽不会面，一个在潇湘馆临风洒泪，一个在怡红院对月长吁，却不是人居两地，情发一心！（曹公妙笔，一个砸玉，一个剪穗，拌嘴哭泣，实心心相印。）（第二十九回《享福人福深还祷福　痴情女情重愈斟情》）

（宝玉）一面说着，一面进来，只见林黛玉又在床上哭。（拌嘴后黛玉后悔，宝玉来看黛玉。）

那林黛玉本不曾哭，听见宝玉来，由不得伤了心，止不住滚下泪来。宝玉笑着走近床来，道："妹妹身上可大好了？"林黛玉只顾拭泪，并不回答。

林黛玉心里原是再不理宝玉的，这会子听见宝玉说别叫人知道他们拌了嘴就生分了似的这一句话，又可见得比别人原亲近，因又撑不住哭道："你也不用哄我。从今以后，我也不敢亲近二爷，二爷也全当我去了。"

刚说了两个字，便又叹了一口气，仍拿起手帕子来擦眼泪。（宝玉说黛玉死了他当和尚。）

林黛玉虽然哭着，却一眼看见了，见他穿着簇新藕合衬衫，竟去拭泪，便一面自己拭着泪，一面回身将枕边搭的一方绡帕子

拿起来向宝玉怀里一摔，一语不发，扔掩面自泣。（宝玉自己说错话哭了）（第三十回《宝钗借扇机带双敲　龄官划蔷痴及局外》）

你我虽为知己，但恐自不能久待；你纵为我知己，无奈我薄命何！想到此间，不禁滚下泪来。待进去相见，自觉无泪，便一面拭泪，一面抽身回去了。

两个人怔了半天，林黛玉只咳了一声，两眼不觉滚下泪来，回身便要走。（无声胜有声，无言显大爱，宝玉说出黛玉弄一身病的原因。）（第三十二回《诉肺腑心迷活宝玉　含耻辱情烈死金钏》）

宝玉犹恐是梦，忙又将身子欠起来，向脸上细细一认，只见两个眼睛肿的桃儿一般，满面泪光，不是黛玉，却是哪个？

此时林黛玉虽不是嚎啕大哭，然越是这等无声之泣，气噎喉堵，更觉得利害。听了宝玉这番话，心中虽然有万句言词，只是不能说得，半日，方抽抽噎噎的说道："你从此可都改了吧！"（眼泪更有杀伤力）（第三十四回《情中情因情感妹妹　错里错以错劝哥哥》）

黛玉看了不觉点头，想起有父母的人的好处来，早又泪珠满面。（寄人篱下眼泪多）（第三十五回《白玉钏亲尝莲叶羹　黄金莺巧结梅花络》）

又听见窗外竹梢蕉叶之上，雨声淅沥，清寒透幕，不觉又滴下泪来。（黛玉和宝钗说了知心话，感念宝钗，又慕其有母兄。）（第四十五回《金兰契互剖金兰语　风雨夕闷制风雨词》）

黛玉见了，先是欢喜，次后想起众人皆有亲眷，独自己孤单，无个亲眷，不免又去垂泪。黛玉因又说起宝琴来，想起自己没有姊妹，不免又哭了。……黛玉拭泪道："近来我只觉心酸，眼泪却像比去年少了些的。心里只管酸痛，眼泪却不多。"（第四

十九回《琉璃世界白雪红梅 脂粉香娃割腥啖膻》)

林黛玉近日闻得宝玉如此形景，未免又添些病症，多哭几场。

黛玉听了这话，口内虽如此说，心内未尝不伤感，待她睡了，便直泣了一夜。（紫鹃说黛玉回老家试探宝玉后说给黛玉，黛玉假怒紫鹃。）

黛玉听说，流泪叹道："他偏在这里这样，分明是气我没娘的人，故意来刺我的眼。"（宝钗躺在薛姨妈怀里，黛玉见状感伤。）（第五十七回《慧紫鹃情辞试忙玉 慈姨妈爱语慰痴颦》）（此三处黛玉有哭无泪，何也？）

黛玉见他也比先大瘦了，想起往日之事，不免流下泪来，些微谈了谈，便催宝玉去歇息调养。（第五十八回《杏子阴假凤泣虚凰 茜纱窗真情揆痴理》）

宝玉笑道："妹妹脸上现有泪痕，如何还哄我呢。……黛玉起先原恼宝玉说话不论轻重，如今见此光景，心有所感，本来素昔爱哭，此时亦不免无言对泣。（哭而无泪，眼泪渐少。）（第六十四回《幽淑女悲题五美吟 浪荡子情遗九龙佩》）

只见宝玉进房来了，黛玉让坐毕，宝玉见黛玉泪痕满面，便问："妹妹，又是谁气着你了？"（宝钗送黛玉东西，黛玉睹物伤怀。）

说着，眼泪又流下来了。（宝玉劝黛玉，不自觉说出江南之物。）

黛玉道："自家姊妹，这倒不必。只是到他那边，薛大哥回来了，必然告诉他些南边的古迹儿，我去听听，只当回了家乡一趟的。"说着，眼圈儿又红了。（第六十七回《见土仪颦卿思故里 闻秘事凤姐讯家童》）

（此时众姊妹只有湘云一人陪她）只因黛玉见贾府中许多人

赏月，贾母犹叹人少，不似当年热闹，又提宝钗姊妹家去母女弟兄自去赏月等语，不觉对景感怀，自去俯栏垂泪。（七十六回《凸碧堂品笛感凄清　凹晶馆联诗悲寂寞》）

研究林黛玉的眼泪，发现三十五回后，写黛玉的章回间隔越大；小说越往后，写黛玉流泪的文字越少。黛玉眼泪变少，是否隐喻其泪将还完，生命将终结？

推测八十回后，先嫁迎春、后嫁探春，先后死去的将是香菱、迎春、元春、黛玉、熙凤；宝玉先出家，惜春再入空门。

说明：为了便于读者理解内容，此节所引出处保留了完整的各回题目。

# 人物评论

曹公的伟大就是首创了闺中群体形象，也书写了女性群的悲剧命运。

## 一、多面王熙凤

### （一）众人评王熙凤

1. 冷面介绍王熙凤

子兴道："政公既有玉儿之后，其妾又生了一个，倒不知其好歹。只眼前现有二子一孙，却不知将来如何。若问那赦公，也有二子，长名贾琏，今已二十来往了，亲上作亲，娶的就是政老爹夫人王氏之内侄女，今已娶了二年。这位琏爷身上现捐的是个同知，也是不肯读书，于世路上好机变，言谈去的，所以如今只在乃叔政老爷家住着，帮着料理些家务。谁知自娶了他令夫人之后，倒上下无一人不称颂他夫人的，琏爷倒退了一射之地：说模样又极标致，言谈又爽利，心机又极深细，竟是个男人万不及一的。"（第二回）

王熙凤又漂亮又有手段，成为贾家统治人物，是顺理成章的事。

2. 黛玉初见王熙凤

一语未了，只听后院中有人笑声，说："我来迟了，不曾迎接远客!"黛玉纳罕道:"这些人个个皆敛声屏气,恭肃严整如此,这来者系谁,这样放诞无礼?"心下想时,只见一群媳妇丫鬟围拥着一个人从后房门进来。这个人打扮与众姑娘不同:彩绣辉煌,恍若神妃仙子。头上戴着金丝八宝攒珠髻,绾着朝阳五凤挂珠钗;项上戴着赤金盘螭璎珞圈,裙边系着豆绿宫绦,双衡比目玫瑰佩;身上穿着缕金百蝶穿花大红洋缎窄褃袄,外罩五彩刻丝石青银鼠褂;下着翡翠撒花洋绉裙。一双丹凤三角眼,两弯柳叶吊梢眉,身量苗条,体格风骚。粉面含春威不露,丹唇未起笑先闻。黛玉连忙起身接见。贾母笑道:"你不认得他,他是我们这里有名的一个泼皮破落户儿,南省俗谓作'辣子',你只叫他'凤辣子'就是了。"

黛玉正不知以何称呼,只见众姊妹都忙告诉他道:"这是琏嫂子。"黛玉虽不识,也曾听见母亲说过,大舅贾赦之子贾琏,娶的就是二舅母王氏之内侄女,自幼假充男儿教养的,学名王熙凤。黛玉忙陪笑见礼,以"嫂"呼之。

这熙凤携着黛玉的手,上下细细打谅了一回,仍送至贾母身边坐下,因笑道:"天下真有这样标致的人物,我今儿才算见了!况且这通身的气派,竟不象老祖宗的外孙女儿,竟是个嫡亲的孙女,怨不得老祖宗天天口头心头一时不忘。只可怜我这妹妹这样命苦,怎么姑妈偏就去世了!"说着,便用帕拭泪。贾母笑道:"我才好了,你倒来招我。你妹妹远路才来,身子又弱,也才劝住了,快再休提前话。"这熙凤听了,忙转悲为喜道:"正是呢!我一见了妹妹,一心都在他身上了,又是喜欢,又是伤心,竟忘记了老祖宗。该打,该打!"又忙携黛玉之手,问:"妹妹几岁了?可也上过学?现吃什么药?在这里不要想家,想要什么吃的、什么玩的,只管告诉我;丫头老婆们不好了,也只管告诉我。"一面又问婆子们:"林姑娘的行李东西可搬进来了?带了几

个人来？你们赶早打扫两间下房，让他们去歇歇。"（第三回）

王熙凤能哭能笑，能夸别人，能责自己，这是曹公对贾府的这个政治人物的进一步介绍和刻画。

3. 周婆侧赞王熙凤

周瑞家的听了道："我的姥姥，告诉不得你呢。这位凤姑娘年纪虽小，行事却比世人都大呢。如今出挑的美人儿似的，少说只怕有一万个心眼子。再要赌口齿，十个会说话的男人也说他不过。回来你见了就知道了。就只一件，待下人未免太严些个。"（第六回）

王熙凤的本事是公认的，曹公极力表现人物性格的复杂性。

4. 贾珍恳请王熙凤

王夫人心中怕的是凤姐儿未经过丧事，怕他料理不清，惹人耻笑。今见贾珍苦苦的说到这步田地，心中已活了几分，却又眼看着凤姐出神。那凤姐素日最喜揽事办，好卖弄才干，虽然当家妥当，也因未办过婚丧大事，恐人还不服，巴不得遇见这事。今见贾珍如此一来，他心中早已欢喜。先见王夫人不允，后见贾珍说的情真，王夫人有活动之意，便向王夫人道："大哥哥说的这么恳切，太太就依了罢。"王夫人悄悄的道："你可能么？"凤姐道："有什么不能的。外面的大事已经大哥哥料理清了，不过是里头照管照管，便是我有不知道的，问问太太就是了。"王夫人见说的有理，便不作声。贾珍见凤姐允了，又陪笑道："也管不得许多了，横竖要求大妹妹辛苦辛苦。我这里先与妹妹行礼，等事完了，我再到那府里去谢。"说着就作揖下去，凤姐儿还礼不迭。（第十三回）

风云人物最大的特点是能抓机遇，善于表现，王熙凤是也。

5. 来升议论王熙凤

如今请了西府里琏二奶奶管理内事，倘或他来支取东西，或是说话，我们须要比往日小心些。每日大家早来晚散，宁可辛苦这一个月，过后再歇着，不要把老脸丢了。那是个有名的烈货，脸酸心硬，一时恼了，不认人的。（第十四回）

曹公用侧笔介绍王熙凤的心硬，管理者要成功，心千万不能软。

6. 贾琏私论王熙凤

贾琏道："你不用怕他，等我性子上来，把这醋罐打个稀烂，他才认得我呢！他防我像防贼似的，只许他同男人说话，不许我和女人说话；我和女人略近些，他就疑惑，他不论小叔子侄儿，大的小的，说说笑笑，就不怕我吃醋了。以后我也不许他见人。"（第二十一回）

王熙凤有危机意识，不怕贾琏，大胆吃醋，是铁腕的表现，为施展手段打败竞争对手埋了伏笔。

7. 宝钗评点王熙凤

宝钗一旁笑道："我来了这么几年，留神看起来，凤丫头凭他怎么巧，再巧不过老太太去。"贾母听说，便答道："我如今老了，那里还巧什么。当日我像凤哥儿这么大年纪，比他还来得呢。他如今虽说不如我们，也就算好了，比你姨娘强远了。你姨娘可怜见的，不大说话，和木头似的，在公婆跟前就不大显好。凤儿嘴乖，怎么怨得人疼他。"（第三十五回）

人都有欠缺，借宝钗之口显示王熙凤的不足，隐喻贾府败落的一个原因是人才缺少。

8. 黛玉忖度王熙凤

只不见凤姐儿来，心里自己盘算道："如何他不来瞧宝玉？便是有事缠住了，他必定也是要来打个花胡哨，讨老太太和太太的好儿才是。今儿这早晚不来，必有原故。"（第三十五回）

学会应酬，注重人际关系是管理者要成功必备的条件。

9. 兴儿愤恨挖老根

"奶奶的心腹我们不敢惹，爷的心腹奶奶的就敢惹。提起我们奶奶来，心里歹毒，口里尖快。我们二爷也算是个好的，那里见得他。倒是跟前的平姑娘为人很好，虽然和奶奶一气，他倒背着奶奶常作些个好事。小的们凡有了不是，奶奶是容不过的，只求求他就完了。如今合家大小除了老太太、太太两个人，没有不恨他的，只不过面子情儿怕他。皆因他一时看的人都不及他，只一味哄着老太太、太太两个人喜欢。他说一是一，说二是二，没人敢拦他。又恨不得把银子钱省下来堆成山，好叫老太太、太太说他会过日子，殊不知苦了下人，他讨好儿。估着有好事，他就不等别人去说，他先抓尖儿；或有了不好事或他自己错了，他便一缩头推到别人身上来，他还在旁边拨火儿。如今连他正经婆婆大太太都嫌了他，说他'雀儿拣着旺处飞，黑母鸡一窝儿，自家的事不管，倒替人家去瞎张罗'。若不是老太太在头里，早叫过他去了。"

……兴儿连忙摇手说："奶奶千万不要去。我告诉奶奶，一辈子别见他才好。嘴甜心苦，两面三刀；上头一脸笑，脚下使绊子；明是一盆火，暗是一把刀：都占全了。只怕三姨的这张嘴还说他不过。好，奶奶这样斯文良善人，那里是他的对手!"尤氏笑道："我只以礼待他，他敢怎么样!"

兴儿道："不是小的吃了酒放肆胡说，奶奶便有礼让，他看见奶奶比他标致，又比他得人心，他怎肯干休善罢？人家是醋罐子，他是醋缸醋瓮。凡丫头们二爷多看一眼，他有本事当着爷打个烂羊头。虽然平姑娘在屋里，大约一年二年之间两个有一次到一处，他还要口里掭十个过子呢，气的平姑娘性子发了，哭闹一阵，说：'又不是我自己寻来的，你又浪着劝我，我原不依，你反说我反了，这会子又这样。'他一般的也罢了，倒央告平姑娘。"尤二姐笑道："可是扯谎？这样一个夜叉，怎么反怕屋里的人呢？"兴儿道："这就是俗语说的'天下逃不过一个理字去'了。这平儿是他自幼的丫头，陪了过来一共四个，嫁人的嫁人，死的死了，只剩了这个心腹。他原为收了屋里，一则显他贤良名儿，二则又叫拴爷的心，好不外头走邪的。又还有一段因果：我们家的规矩，凡爷们大了，未娶亲之先都先放两个人伏侍的。二爷原有两个，谁知他来了没半年，都寻出不是来，都打发出去了。别人虽不好说，自己脸上过不去，所以强逼着平姑娘作了房里人。那平姑娘又是个正经人，从不把这一件事放在心上，也不会挑妻窝夫的，倒一味忠心赤胆伏侍他，才容下了。"（第六十五回）

会演戏，会遮掩自己，对下严酷是王熙凤性格重要的方面。

10. 二姐初见王熙凤

尤二姐一看，只见头上皆是素白银器，身上月白缎袄，青缎披风，白绫素裙。眉弯柳叶，高吊两梢，目横丹凤，神凝三角。俏丽若三春之桃，清洁若九秋之菊。（第六十八回）

再次凸显王熙凤美而狠毒的脸型，用服饰表现她对尤二姐的手段早已确定。

11. 贾母叹怜病熙凤

王熙凤的别号"泼皮破落户"（贾母和李纨称呼她）"猴儿""辣子""阿凤""凤姐""凤哥儿""凤姐儿""凤丫头"。

贾母看时，宝钗姊妹二人不在坐内，知他们家去圆月去了，且李纨凤姐二人又病着，少了四个人，便觉冷清了好些。贾母因笑道："往年你老爷们不在家，咱们越性请过姨太太来，大家赏月，却十分闹热。忽一时想起你老爷来，又不免想到母子夫妻儿女不能一处，也都没兴。及至今年你老爷来了，正该大家团圆取乐，又不便请他们娘儿们来说说笑笑。况且他们今年又添了两口人，也难丢了他们跑到这里来。偏又把凤丫头病了，有他一人来说说笑笑，还抵得十个人的空儿。可见天下事总难十全。"（第七十六回）

写王熙凤悲剧的一面，好强让自己受损。

12. 平儿掏心劝熙凤

凤姐儿道："虽如此说，但宝玉为人不管青红皂白爱兜揽事情。别人再求求他去，他又搁不住人两句好话，给他个炭篓子戴上，什么事他不应承。咱们若信了，将来若大事也如此，如何治人。还要细细的追求才是。依我的主意，把太太屋里的丫头都拿来，虽不便擅加拷打，只叫他们垫着磁瓦子跪在太阳地下，茶饭也别给吃。一日不说跪一日，便是铁打的，一日也管招了。又道是'苍蝇不抱无缝的蛋'。虽然这柳家的没偷，到底有些影儿，人才说他。虽不加贼刑，也革出不用。朝廷家原有挂误的，倒也不算委屈了他。"

平儿道："何苦来操这心！'得放手时须放手'，什么大不了的事，乐得不施恩呢。依我说，纵在这屋里操上一百分的心，终久咱们是那边屋里去的。没的结些小人仇恨，使人含怨。况且自己又三灾八难的，好容易怀了一个哥儿，到了六七个月还掉了，焉知不是素日操劳太过，气恼伤着的。如今乘早儿见一半不见一半的，也倒罢了。"一席话，说的凤姐儿倒笑了，说道："凭你这小蹄子发放去罢。我才精爽些了，没的淘气。"（六十一回）

平儿劝主子，何尝不是曹公劝读者？

**（二）自我评说王熙凤**

凤姐听了这话，便发了兴头，说道："你是素日知道我的，从来不信什么是阴司地狱报应的，凭是什么事，我说要行就行。你叫他拿三千银子来，我就替他出这口气。"（第十五回）

（王熙凤有病力不从心，探春暂时管理贾府，王熙凤和平儿

说话）若按私心藏奸上论，我也太狠毒了，也该抽头退步。（第
五十五回）

知己者莫如自己，王熙凤自我心灵剖析，心灵是否能实现突
围？自我能否实现救赎？

## 二、宝黛双玉

### （一）林黛玉透视贾宝玉

一语未了，只听外面一阵脚步响，丫鬟进来笑道："宝玉来
了！"黛玉心中正疑惑着："这个宝玉，不知是怎生个惫懒人物，
惛懂顽童？——倒不见那蠢物也罢了。"心中想着，忽见丫鬟话
未报完，已进来了一位年轻的公子：

头上戴着束发嵌宝紫金冠，齐眉勒着二龙抢珠金抹额；穿一
件二色金百蝶穿花大红箭袖，束着五彩丝攒花结长穗宫绦，外罩
石青起花八团倭锻排穗褂；登着青缎粉底小朝靴。面若中秋之
月，色如春晓之花，鬓若刀裁，眉如墨画，面如桃瓣，目若秋
波。虽怒时而若笑，即瞋视而有情。项上金螭璎珞，又有一根五
色丝绦，系着一块美玉。

黛玉一见，便吃一大惊，心下想道："好生奇怪，倒像在那
里见过一般，何等眼熟到如此！"（第三回）

印证木石前盟，突出在黛玉的眼中宝玉绝不是常人评价的那
样，第一次见面对宝玉的心里接受度大大提高。

……宝玉即转身去了。一时回来，再看，已换了冠带：头上
周围一转的短发，都结成小辫，红丝结束，共攒至顶中胎发，总
编一根大辫，黑亮如漆，从顶至梢，一串四颗大珠，用金八宝坠
角；身上穿着银红撒花半旧大袄，仍旧带着项圈、宝玉、寄名
锁、护身符等物；下面半露松花撒花绫裤腿，锦边弹墨袜，厚底
大红鞋。越显得面如敷粉，唇若施脂；转盼多情，语言常笑。天

然一段风骚，全在眉梢；平生万种情思，悉堆眼角。看其外貌最是极好，却难知其底细。后人有《西江月》二词，批宝玉极恰，其词曰：

无故寻愁觅恨，有时似傻如狂。纵然生得好皮囊，腹内原来草莽。

潦倒不通世务，愚顽怕读文章。行为偏僻性乖张，那管世人诽谤！

富贵不知乐业，贫穷难耐凄凉。可怜辜负好韶光，于国于家无望。

天下无能第一，古今不肖无双。寄言纨绔与膏粱：莫效此儿形状！

（第三回）

作者的反弹琵琶法：欲褒却贬。对宝玉的独特只有黛玉能透视，当然，曹公也是。

**（二）贾宝玉眼品林黛玉**

宝玉早已看见多了一个姊妹，便料定是林姑妈之女，忙来作揖。厮见毕归坐，细看形容，与众各别：两弯似蹙非蹙罥烟眉，一双似喜非喜含情目。态生两靥之愁，娇袭一身之病。泪光点点，娇喘微微。闲静时如姣花照水，行动处似弱柳扶风。心较比干多一窍，病如西子胜三分。宝玉看罢，因笑道："这个妹妹我曾见过的。"贾母笑道："可又是胡说，你又何曾见过他？"宝玉笑道："虽然未曾见过他，然我看着面善，心里就算是旧相识，今日只作远别重逢，亦未为不可。"（第三回）

这是宝黛心心相印的基础，也是曹公的浪漫笔法。

**（三）李嬷嬷戏说林黛玉**

林黛玉冷笑道："我为什么助他？我也不犯着劝他。你这妈妈太小心了，往常老太太又给他酒吃，如今在姨妈这里多吃一口，料也不妨事。必定姨妈这里是外人，不当在这里的也未可知。"李嬷嬷听了，又是急，又是笑，说道："真真这林姐儿，说出一句话来，比刀子还尖。你这算了什么。"宝钗也忍不住笑着，把黛玉腮上一拧，说道："真真这个颦丫头的一张嘴，叫人恨又不是，喜欢又不是。"（第八回）

说明黛玉能言善变，嘴上不饶人，这是她性格的缺憾。

### （四）别人眼看贾宝玉

1. 王夫人气说贾宝玉

"我有个孽根祸胎，是家里的'混世魔王'，今日因庙里还愿去了，尚未回来，晚间你看见便知了。你只以后不要理睬他，你这些姊妹都不敢沾惹他。"

"……他嘴里一时甜言蜜语，一时有天无日，一时疯疯傻傻，只休信他。"（第三回）

距离太短，很难看出子女亮点，古今家长一律。

2. 仆人笑说贾宝玉

由于宝玉和姐妹们亲善厮混，没有嫡庶观、主子气，贾环不怕他，仆人不怕他，身上的饰物常被仆人解去，他也不生气；在贾府大多数人的眼里，宝玉没有男子气，是个置身事外的窝囊废，也就是纨绔子弟而已，试想放在今天谁喜欢？

自己遭了雨，反说别人小心淋雨；自己手烫了，反问别人烫了没有。

在大多数主仆眼里，贾宝玉呆头至极，从现实功利的角度看待，怎么能看出人物发展的潜力？性情中人，在现实中很难被待见。

3. 贾政人前批宝玉

出现次数很多，十分明显，此处举例从略。失误的家长大都一样，总是用批判的眼睛看待子女，尤其在人前不顾及子女自尊，这样不出错才不正常了。

## 三、宝钗黛玉

### （一）初上戏台露惊艳

还有一女，比薛蟠小两岁，乳名宝钗，生得肌骨莹润，举止娴雅。当日有他父亲在日，酷爱此女，令其读书识字，较之乃兄竟高过十倍。自父亲死后，见哥哥不能依贴母怀，他便不以书字为事，只留心针黹家计等事，好为母亲分忧解劳。（第四回）

第四回赞美宝钗出众、孝顺。

### （二）双写宝黛料结局

如今且说林黛玉自在荣府以来，贾母万般怜爱，寝食起居，一如宝玉，迎春、探春，惜春三个亲孙女倒且靠后，便是宝玉和黛玉二人之亲密友爱处，亦自较别个不同，日则同行同坐，夜则同息同止，真是言和意顺，略无参商。不想如今忽然来了一个薛宝钗，年岁虽大不多，然品格端方，容貌丰美，人多谓黛玉所不及。而且宝钗行为豁达，随分从时，不比黛玉孤高自许，目无下尘，故比黛玉大得下人之心。便是那些小丫头子们，亦多喜与宝钗去顽。因此黛玉心中便有些悒郁不忿之意，宝钗却浑然不觉。（第五回）

第五回巧妙对比黛玉宝钗，突出性格差异。

### （三）身体健康值千金

黛玉宝钗都有病，都来于先天，黛玉之病人人尽知，具有社会性，宝钗之病只几人知道，更具隐秘性。可推知黛玉失败，身体多病是主因。

宝玉掀帘一迈步进去，先就看见薛宝钗坐在炕上作针线，头上挽着漆黑油光的鬏儿，蜜合色棉袄，玫瑰紫二色金银鼠比肩褂，葱黄绫棉裙，一色半新不旧，看去不觉奢华。唇不点而红，

眉不画而翠，脸若银盆，眼如水杏。罕言寡语，人谓藏愚，安分随时，自云守拙。（第八回）

另外有两个姑娘，真是天上少有，地下无双。一个是咱们姑太太的女儿，姓林，小名儿叫什么黛玉，面庞身段和三姨不差什么，一肚子文章，只是一身多病，这样的天，还穿夹的，出来风儿一吹就倒了。我们这起没王法的嘴都悄悄的叫他'多病西施'。还有一位姨太太的女儿，姓薛，叫什么宝钗，竟是雪堆出来的。（第五十五回）

**（四）圆通几经贾母赞**

宝钗深知贾母年老人，喜热闹戏文，爱吃甜烂之食，便总依贾母往日素喜者说了出来。贾母更加欢悦。（第二十二回）

贾母叹道："这孩子太老实了。你没有陈设，何妨和你姨娘要些。我也不理论，也没想到，你们的东西自然在家里没带了来。"说着，命鸳鸯去取些古董来，又嗔着凤姐儿："不送些玩器来与你妹妹，这样小器。"王夫人凤姐儿等都笑回说："他自己不要的。我们原送了来，他都退回去了。"薛姨妈也笑说："他在家里也不大弄这些东西的。"贾母摇头说："使不得。虽然他省事，倘或来一个亲戚，看着不像，二则年轻的姑娘们，房里这样素净，也忌讳。我们这老婆子，越发该住马圈去了。你们听那些书上戏上说的小姐们的绣房，精致的还了得呢。他们姊妹们虽不敢比那些小姐们，也不要很离了格儿。有现成的东西，为什么不摆？若很爱素净，少几样倒使得。我最会收拾屋子的，如今老了，没有这些闲心了。他们姊妹们也还学着收拾的好，只怕俗气，有好东西也摆坏了。我看他们还不俗。如今让我替你收拾，包管又大方又素净。我的梯己两件，收到如今，没给宝玉看见过，若经了他的眼，也没了。"（第四十回）

宝钗包容，会做人，善收敛，这是她智慧的表现，也是性格的表现，她房子里过分"素净"似乎隐喻空守闺房的悲哀命运。

### （五）性格身体差千尺

黛玉本性懒与人共，原不肯多语。宝钗原不妄言轻动，便此时亦是坦然自若。（第二十二回）

况且一个是美人灯儿，风吹吹就坏了；一个是拿定了主意，'不干己事不张口，一问摇头三不知'，也难十分问他。（第四十五回）

### （六）金蝉脱壳脱困局

谁知红玉听了宝钗的话，便信以为真，让宝钗去远，便拉坠儿道："了不得了！林姑娘蹲在这里，一定听了话去了！"坠儿听说，也半日不言语。红玉又道："这可怎么样呢？"坠儿道："便是听了，管谁筋疼，各人干各人的就完了。"红玉道："若是宝姑娘听见，还倒罢了。林姑娘嘴里又爱刻薄人，心里又细，他一听见了，倘或走露了风声，怎么样呢？"（第二十七回）

第二十七回集中突出宝钗的圆滑和善于转移矛盾进行自救的机智。

### （七）暗比宝黛生离心

薛宝钗因往日母亲对王夫人等曾提过"金锁是个和尚给的，等日后有玉的方可结为姻缘"等语，所以总远着宝玉。昨儿见元春所赐的东西，独他与宝玉一样，心里越发没意思起来。幸亏宝玉被一个林黛玉缠绵住了，心心念念只记挂着林黛玉，并不理论这事。此刻忽见宝玉笑问道："宝姐姐，我瞧瞧你的红麝串子？"可巧宝钗左腕上笼着一串，见宝玉问他，少不得褪了下来。宝钗生的肌肤丰泽，容易褪不下来。宝玉在旁看着雪白一段酥臂，不觉动了羡慕之心，暗暗想道："这个膀子要长在林妹妹身上，或者还得摸一摸，偏生长在他身上。"正是恨没福得摸，忽然想起

"金玉"一事来，再看看宝钗形容，只见脸若银盆，眼似水杏，唇不点而红，眉不画而翠，比林黛玉另具一种妩媚风流，不觉就呆了，宝钗褪了串子来递与他也忘了接。（第二十八回）

第二十八回还是表现宝玉对黛玉的情感，感叹她身体羸弱；也真实地写了宝玉内心的一丝矛盾，为后来他完全归向黛玉做反向铺垫。

**（八）直爽湘云评宝黛**

袭人道："是宝姑娘给我的。"湘云笑道："我只当是林姐姐给你的，原来是宝钗姐姐给了你。我天天在家里想着，这些姐姐们再没一个比宝姐姐好的。可惜我们不是一个娘养的。我但凡有这么个亲姐姐，就是没了父母，也是没妨碍的。"说着，眼睛圈儿就红了。宝玉道："罢，罢，罢！不用提这个话。"史湘云道："提这个便怎么？我知道你的心病，恐怕你的林妹妹听见，又怪嗔我赞了宝姐姐。可是为这个不是？"袭人在旁嗤的一笑，说道："云姑娘，你如今大了，越发心直口快了。"宝玉笑道："我说你们这几个人难说话，果然不错。"史湘云道："好哥哥，你不必说话教我恶心。只会在我们跟前说话，见了你林妹妹，又不知怎么了。"（第三十二回）

一是表现湘云口直心快毫无遮拦，二是突出宝玉对黛玉的偏爱之情，三是侧写黛玉的性格特点。

**（九）巧说金钏化愁情**

王夫人点头哭道："你可知道一桩奇事？金钏儿忽然投井死了！"宝钗见说，道："怎么好好的投井？这也奇了。"王夫人道："原是前儿他把我一件东西弄坏了，我一时生气，打了他几下，撵了他下去。我只说气他两天，还叫他上来，谁知他这么气性大，就投井死了。岂不是我的罪过。"宝钗叹道："姨娘是慈善人，固然这么想。据我看来，他并不是赌气投井。多半他下去住着，或是在井跟前憨顽，失了脚掉下去的。他在上头拘束惯了，这一出去，自然要到各处去顽顽逛逛，岂有这样大气的理！纵然有这样大气，也不过是个糊涂人，也不为可惜。"王夫人点头叹道："这话虽然如此说，到底我心不安。"宝钗叹道："姨娘也不必念念于兹，十分过不去，不过多赏他几两银子发送他，也就尽主仆之情了。"王夫人道："刚才我赏了他娘五十两银子，原要还把你妹妹们的新衣服拿两套给他妆裹。谁知凤丫头说可巧都没什么新做的衣服，只有你林妹妹作生日的两套。我想你林妹妹那个孩子素日是个有心的，况且他也三灾八难的，既说了给他过生日，这会子又给人妆裹去，岂不忌讳。因为这么样，我现叫裁缝赶两套给他。要是别的丫头，赏他几两银子就完了，只是金钏儿虽然是个丫头，素日在我跟前比我的女儿也差不多。"口里说着，不觉泪下。宝钗忙道："姨娘这会子又何用叫裁缝赶去，我前儿倒做了两套，拿来给他岂不省事。况且他活着的时候也穿过我的旧衣服，身量又相对。"王夫人道："虽然这样，难道你不忌讳？"宝钗笑道："姨娘放心，我从来不计较这些。"（第三十二回）

一写宝钗大度，能为人分忧；二写她灵活变通，城府难测。

宝钗听了，并不在意，便说道："俗语说的好'天有不测风云，人有祸福旦夕'。这也是他们前生命定。"（第六十七回）

谈及三官归水月，显示宝钗精于劝人，又显示其性格冷而近乎残忍的一面。

### （十）诗书为台吐心曲

宝钗笑道："你还装憨儿。昨儿行酒令你说的是什么？我竟不知那里来的。"黛玉一想，方想起来昨儿失于检点，那《牡丹亭》《西厢记》说了两句，不觉红了脸，便上来搂着宝钗，笑道："好姐姐，原是我不知道随口说的。你教给我，再不说了。"宝钗笑道："我也不知道，听你说的怪生的，所以请教你。"黛玉道：

"好姐姐，你别说与别人，我以后再不说了。"宝钗见他羞得满脸飞红，满口央告，便不肯再往下追问，因拉他坐下吃茶，款款的告诉他道："你当我是谁，我也是个淘气的。从小七八岁上也够个人缠的。我们家也算是个读书人家，祖父手里也爱藏书。先时人口多，姊妹弟兄都在一处，都怕看正经书。弟兄们也有爱诗的，也有爱词的，诸如这些《西厢》《琵琶》以及《元人百种》，无所不有。他们是偷背着我们看，我们却也偷背着他们看。后来大人知道了，打的打，骂的骂，烧的烧，才丢开了。所以咱们女孩儿家不认得字的倒好。男人们读书不明理，尚且不如不读书的好，何况你我。就连作诗写字等事，原不是你我分内之事，究竟也不是男人分内之事。男人们读书明理，辅国治民，这便好了。只是如今并不听见有这样的人，读了书倒更坏了。这是书误了他，可惜他也把书糟踏了，所以竟不如耕种买卖，倒没有什么大害处。你我只该做些针黹纺织的事才是，偏又认得了字，既认得了字，不过拣那正经的看也罢了，最怕见了些杂书，移了性情，就不可救了。"一席话，说的黛玉垂头吃茶，心下暗伏，只有答应"是"的一字。（第四十二回）

黛玉叹道："你素日待人，固然是极好的，然我最是个多心的人，只当你心里藏奸。从前日你说看杂书不好，又劝我那些好话，竟大感激你。往日竟是我错了，实在误到如今。细细算来，我母亲去世的早，又无姊妹兄弟，我长了今年十五岁，竟没一个人像你前日的话教导我。怨不得云丫头说你好，我往日见他赞你，我还不受用，昨儿我亲自经过，才知道了。比如若是你说了那个，我再不轻放过你的，你竟不介意，反劝我那些话，可知我竟自误了。若不是从前日看出来，今日这话，再不对你说。你方才说叫我吃燕窝粥的话，虽然燕窝易得，但只我因身上不好了，每年犯这个病，也没什么要紧的去处。请大夫，熬药，人参肉桂，已经闹了个天翻地覆，这会子我又兴出新文来熬什么燕窝粥，老太太、太太、凤姐姐这三个人便没话说，那些底下的婆子丫头们，未免不嫌我太多事了。你看这里这些人，因见老太太多疼了宝玉和凤丫头两个，他们尚虎视耽耽，背地里言三语四的，何况于我？况我又不是他们这里正经主子，原是无依无靠投奔了来的，他们已经多嫌着我了。如今我还不知进退，何苦叫他们咒我？"宝钗道："这样说，我也是和你一样。"黛玉道："你如何比我？你又有母亲，又有哥哥，这里又有买卖地土，家里又仍旧有房有地。你不过是亲戚的情分，白住了这里，一应大小事情，又不沾他们一文半个，要走就走了。我是一无所有，吃穿用度，一草一纸，皆是和他们家的姑娘一样，那起小人岂有不多嫌的。"宝钗笑道："将来也不过多费得一副嫁妆罢了，如今也愁不到这里。"黛玉听了，不觉红了脸，笑道："人家才拿你当个正经人，把心里的烦难告诉你听，你反拿我取笑儿。"宝钗笑道："虽是取笑儿，却也是真话。你放心，我在这里一日，我与你消遣一日。你有什么委屈烦难，只管告诉我，我能解的，自然替你解一日。我虽有个哥哥，你也是知道的，只有个母亲比你略强些。咱们也算同病相怜。你也是个明白人，何必作'司马牛之叹'？你才说的也是，多一事不如省一事。我明日家去和妈妈说了，只怕我们家里还有，与你送几两，每日叫丫头们就熬了，又便宜，又不惊师动众的。"黛玉忙笑道："东西事小，难得你多情如此。"（第四十五回）

宝钗道："林妹妹这虑的也是。你既写在扇子上，偶然忘记了，拿在书房里去被相公们看见了，岂有不问是谁做的呢。倘或传扬开了，反为不美。自古道：'女子无才便是德'，总以贞静为主，女工还是第二件。其余诗词，不过是闺中游戏，原可以会可以不会。咱们这样人家的姑娘，倒不要这些才华的名誉。"（第六十四回）

以上表现了追求高尚文化生活的宝钗黛玉的活泼可爱，可悲的家庭遭遇；突出了宝钗的规范、对黛玉的关爱和两人灵魂碰撞心灵相交的伟大友谊，美人惜美人，曹公写人心思很多。

**（十一）赢得恶人交口赞**

且说赵姨娘因见宝钗送了贾环些东西，心中甚是喜欢，想道："怨不得别人都说那宝丫头好，会做人，很大方，如今看起来果然不错。他哥哥能带了多少东西来，他挨门儿送到，并不遗漏一处，也不露出谁薄谁厚，连我们这样没时运的，他都想到了。若是那林丫头，他把我们娘儿们正眼也不瞧，那里还肯送我们东西？"一面想，一面把那些东西翻来覆去的摆弄瞧看一回。忽然想到宝钗系王夫人的亲戚，为何不到王夫人跟前卖个好儿呢。自己便蝎蝎螫螫的拿着东西，走至王夫人房中，站在旁边，陪笑说道："这是宝姑娘才刚给环哥儿的。难为宝姑娘这么年轻的人，想的这么周到，真是大户人家的姑娘，又展样，又大方，怎么叫人不敬服呢。怪不得老太太和太太成日家都夸他疼他。我也不敢自专就收起来，特拿来给太太瞧瞧，太太也喜欢喜欢。"（第六十七回）

以上表现了宝钗对人际关系驾轻就熟的能力。

**（十二）置身事外善保身**

一进角门，宝钗便命婆子将门锁上，把钥匙要了自己拿着。宝玉忙说："这一道门何必关，又没多的人走。况且姨娘、姐姐、妹妹都在里头，倘或家去取什么，岂不费事。"宝钗笑道："小心没过逾的。你瞧你们那边，这几日七事八事，竟没有我们这边的人，可知是这门关的有功效了。若是开着，保不住那起人图顺脚，抄近路从这里走，拦谁的是？不如锁了，连妈和我也禁着些，大家别走。纵有了事，就赖不着这边的人了。"（第六十二回）

为宝玉、宝琴、平儿、岫烟四人过生日，足见宝钗的成熟和精细；抄件大观园后，借口侍亲搬出大观园更体现她的智慧和清醒。

## 四、探春其人

原则是管理成功的钥匙，看看探春的管理理念和刚性性格，她虽庶出，但才华不能被遮掩，她身上表现曹公的开明思想。

### （一）理家事越亲疏

探春敢爱敢怒，做事很有主见，难得，他是曹公和读者喜欢的角色之一，且看第二十七回：

宝玉笑道："你提起鞋来，我想起个故事：那一回我穿着，可巧遇见了老爷，老爷就不受用，问是谁作的。我那里敢提'三妹妹'三个字，我就回说是前儿我生日，是舅母给的。老爷听了是舅母给的，才不好说什么，半日还说：'何苦来！虚耗人力，作践绫罗，作这样的东西。'我回来告诉了袭人，袭人说这还罢了，赵姨娘气的抱怨的了不得：'正经兄弟，鞋搭拉袜搭拉的没人看的见，且作这些东西！'"探春听说，登时沉下脸来，道："这话糊涂到什么田地！怎么我是该作鞋的人么？环儿难道没有分例的？没有人的？一般的衣裳是衣裳，鞋袜是鞋袜，丫头老婆一屋子，怎么抱怨这些话！给谁听呢！我不过是闲着没事儿，作一双半双，爱给那个哥哥弟弟，随我的心。谁敢管我不成！这也是白气。"宝玉听了，点头笑道："你不知道，他心里自然又有个想头了。"探春听说，益发动了气，将头一扭，说道："连你也糊涂了！他那想头自然是有的，不过是那阴微鄙贱的见识。他只管这么想，我只管认得老爷，太太两个人，别人我一概不管。就是姊妹弟兄跟前，谁和我好，我就和谁好，什么偏的庶的，我也不知道。论理我不该说他，但忒昏愦的不像了！还有笑话呢：就是上回我给你那钱，替我带那顽的东西。过了两天，他见了我，也是说没钱使，怎么难，我也不理论。谁知后来丫头们出去了，他就抱怨起来，说我攒的钱为什么给你使，倒不给环儿使呢。我听见这话，又好笑又好气，我就出来往太太跟前去了。"正说着，只见宝钗那边笑道："说完了，来罢。显见的是哥哥妹妹了，丢下别人，且说梯己去。我们听一句儿就使不得了！"说着，探春宝玉二人方笑着来了。

### （二）起诗社显俊才

第三十七回探春率先发起诗社，表现了她的号召力，她能文，有才气，有高雅的精神追求，人物很闪光。

### （三）兴改革除旧弊

生母赵姨娘刁钻、低俗，爱找事，让探春尴尬、苦恼。第五十六回中，探春刚协理荣国府，赵姨娘就打亲情牌来讨便宜，惹怒探春，被拨回去，足见出探春的敏锐干练、公正正直，不为亲情迷惑，表现了超常的管理能力；敢于驳回王熙凤（她和平儿两人唱双簧）的要求，体现她强势的手腕；承包大观园，体现探春敏锐的经济眼光。探春的改革，寄予了曹公的希望，但他明白谁已经不能让贾府走向复兴，这是曹公的独特构思，也有他内心的求索和矛盾。

### （四）护丫鬟揍恶奴

又到探春院内，谁知早有人报与探春了。探春也就猜着必有原故，所以引出这等丑态来，遂命众丫鬟秉烛开门而待。

一时众人来了，探春故问何事。凤姐笑道："因丢了一件东西，连日访察不出人来，恐怕旁人赖这些女孩子们，所以越性大家搜一搜，使人去疑，倒是洗净他们的好法子。"探春冷笑道："我们的丫头，自然都是些贼，我就是头一个窝主。既如此，先来搜我的箱柜，他们所有偷了来的都交给我藏着呢。"说着，便命丫头们把箱柜一齐打开，将镜奁、妆盒、衾袱、衣包若大若小之物一齐打开，请凤姐去抄阅。凤姐陪笑道："我不过是奉太太的命来，妹妹别错怪我。何必生气。"因命丫鬟们快快关上。

平儿丰儿等忙着替待书等关的关，收的收。探春道："我的东西倒许你们搜阅；要想搜我的丫头，这却不能。我原比众人歹毒，凡丫头所有的东西我都知道，都在我这里间收着，一针一线他们也没的收藏，要搜所以只来搜我。你们不依，只管去回太太，只说我违背了太太，该怎么处治，我去自领。你们别忙，自然连你们抄的日子有呢！你们今日早起不曾议论甄家，自己家里好好的抄家，果然今日真抄了。咱们也渐渐的来了，可知这样大族人家，若从外头杀来，一时是杀不死的，这是古人曾说的'百足之虫，死而不僵'，必须先从家里自杀自灭起来，才能一败涂地！"说着，不觉流下泪来。凤姐只看着众媳妇们。

周瑞家的便道："既是女孩子的东西全在这里，奶奶且请到别处去罢，也让姑娘好安寝。"凤姐便起身告辞。探春道："可细细的搜明白了？若明日再来，我就不依了。"凤姐笑道："既然丫头们的东西都在这里，就不必搜了。"探春冷笑道："你果然倒乖。连我的包袱都打开了，还说没翻。明日敢说我护着丫头们，不许你们翻了。你趁早说明，若还要翻，不妨再翻一遍。"凤姐知道探春素日与众不同的，只得陪笑道："我已经连你的东西都搜查明白了。"探春又问众人："你们也都搜明白了不曾？"周瑞家的等都陪笑说："都翻明白了。"

那王善保家的本是个心内没成算的人，素日虽闻探春的名，他自为众人没眼力没胆量罢了，那里一个姑娘家就这样起来；况且又是庶出，他敢怎么。他自恃是邢夫人陪房，连王夫人尚另眼相看，何况别个。今见探春如此，他只当是探春认真单恼凤姐，与他们无干。他便要趁势作脸献好，因越众向前拉起探春的衣襟，故意一掀，嘻嘻笑道："连姑娘身上我都翻了，果然没有什么。"凤姐见他这样，忙说："妈妈走罢，别疯疯颠颠的。"一语未了，只听"拍"的一声，王家的脸上早着了探春一掌。

探春登时大怒，指着王善保家的问道："你是什么东西，敢来拉扯我的衣裳！我不过看着太太的面上，你又有年纪，叫你一声妈妈，你就狗仗人势，天天作耗，专管生事。如今越性了不得了。你打谅我是同你们姑娘那样好性儿，由着你们欺负他，就错了主意！你搜检东西我不恼，你不该拿我取笑。"说着，便亲自解衣卸裙，拉着凤姐儿细细的翻。又说："省得叫奴才来翻我身上。"

凤姐平儿等忙与探春束裙整袄，口内喝着王善保家的说："妈妈吃两口酒就疯疯颠颠起来。前儿把太太也冲撞了。快出去，不要提起了。"又劝探春休得生气。探春冷笑道："我但凡有气性，早一头碰死了！不然岂许奴才来我身上翻贼赃了。明儿一早，我先回过老太太太太，然后过去给大娘陪礼，该怎么，我就领。"

那王善保家的讨了个没意思，在窗外只说："罢了，罢了，这也是头一遭挨打。我明儿回了太太，仍回老娘家去罢。这个老命还要他做什么！"探春喝命丫鬟道："你们听他说的这话，还等我和他对嘴去不成。"待书等听说，便出去说道："你果然回老娘家去，倒是我们的造化了，只怕舍不得去。"凤姐笑道："好丫头，真是有其主必有其仆。"探春冷笑道："我们作贼的人，嘴里都有三言两语的，这还算笨的，背地里就只不会调唆主子。"平儿忙也陪笑解劝，一面又拉了待书进来。周瑞家的等人劝了一番。凤姐直待伏侍探春睡下，方带着人往对过暖香坞来。（第七十四回）

探春主动护住丫鬟，和迎春惜春对待丫鬟的态度形成鲜明对比，曹公在这里集中表现了探春超越出身的独立、自尊和果敢，探春身上是否有他理想的影子呢？

### （五）痛矛盾叹崩离

正说着，果然报："云姑娘和三姑娘来了。"大家让坐已毕，宝钗便说要出去一事，探春道："很好。不但姨妈好了还来的，就便好了不来也使得。"尤氏笑道："这话奇怪，怎么撵起亲戚来了？"探春冷笑道："正是呢，有叫人撵的，不如我先撵。亲戚们好，也不在必要死住着才好。咱们倒是一家子亲骨肉呢，一个个不像乌眼鸡，恨不得你吃了我，我吃了你！"尤氏忙笑道："我今儿是那里来的晦气，偏都碰着你姊妹们的气头儿上了。"探春道："谁叫你赶热灶来了！"因问："谁又得罪了你呢？"因又寻思道："惜丫头不犯罗唣你，却是谁呢？"尤氏只含糊答应。

探春知他畏事不肯多言，因笑道："你别装老实了。除了朝廷治罪，没有砍头的，你不必畏头畏尾。实告诉你罢，我昨日把王善保家那老婆子打了，我还顶着个罪呢。不过背地里说我些闲话，难道他还打我一顿不成！"宝钗忙问因何又打他，探春悉把昨夜怎的抄检，怎的打他，一一说了出来。尤氏见探春已经说了出来，便把惜春方才之事也说了出来。

探春道："这是他的僻性，孤介太过，我们再傲不过他的。"又告诉他们说："今日一早不见动静，打听凤辣子又病了。我就打发我妈妈出去打听王善保家的是怎样。回来告诉我说，王善保家的挨了一顿打，大太太嗔着他多事。"尤氏李纨道："这倒也是正理。"探春冷笑道："这种掩饰谁不会作，且再瞧就是了。"尤氏李纨皆默无所答。（第七十五回）

以上一写荣府两房的矛盾，二写探春的敏锐与预见：贾府衰败何曾不是从内部开始？

# 比较思维训练示例

## ——《家》中《红楼梦》的影子

群文阅读给语文教学揭开了一面新的窗口，让阅读教学改革进入实质化的阶段，群文阅读教学难度最大的就是群书阅读。笔者把《红楼梦》与《家》放在一起，比较两书内在的关联性，给群书阅读实践示范，是对群书阅读教学的一个尝试。

《红楼梦》是一部旷世奇作，影响到生活和现代小说的方方面面；巴金的《家》是现代小说的典范之作，发表以来引起巨大反响，纵观《家》明显有《红楼梦》的影子，比如家族内部的明争暗斗、主仆之间的等级区别、乘船赏月的美景描写等等，巴老是否受到曹公的自觉影响，写作《家》时有没有意识到这个呢？现在，就让笔者对小说做一些简单对比。

## 一、宝塔式的人物关系

《家》和《红楼梦》有相似的家庭结构。《红楼梦》里塔尖的是贾母，下来是文字辈贾敬、贾赦、贾政、贾敏，再下是玉字辈贾珍、贾琏、贾珠、贾宝玉、贾环和春字辈元春、迎春、探春、惜春，再下是草字辈贾蓉、贾蔷、贾芸等和巧姐，最底层是三级仆人。《家》里塔尖的是高老太爷，然后是克字辈高克明、高克安、高克定，再是觉字辈高觉新、高觉民、高觉慧、高觉英、高觉群、高觉世、高觉人、高觉先等和淑字辈高淑蓉、高淑华、高淑英、高淑贞、高淑芬、高淑芳等，再下是高觉新的儿子海臣、云儿和仆人侍女。贾家和高家都是等级森严的大家庭，下对上要绝对服从。区别在于贾家地位最高的是女性、主要管理者是女性，高家地位最高的是男性，管理者也是男性；贾家人口远远多于高家，社会地位显赫，物质更加富有——这是地域差异决定的，是与皇室的关系决定的。

## 二、糜烂腐朽的生活方式

旧时代的大家族，一夫多妻，生活普遍奢靡。贾赦妻妾成群，还贪欲贾母的丫鬟鸳鸯，还花钱买进丫鬟，利用权势和人脉谋求奇珍异宝；贾珍不但妻妾多，还和儿媳有奸情，和小姨子不清不白；贾琏先后和鲍二家的、多姑娘鬼混，国孝、家孝期间偷娶尤二姐，又和他老爹贾赦赐给的丫鬟秋桐同居。贾府生活糜烂，早教得薛蟠比原来坏十倍、亲戚纵欲身亡、兄弟子侄乱伦、丫鬟和小幺偷情、女婿和女仆胡来，大观园白天扔着绣春囊，贾府肮脏男人的荟萃。高家，高老太爷有陈姨太，高克安、高克定两兄弟外面租房包戏子，何其像贾珍贾琏；高老太爷的朋友冯乐山道貌岸然六十岁还娶小老婆，又一个贾赦。

有钱有势，男人变臭，是否是人性共有的暗点？

## 三、纷繁复杂的生活礼节

小辈对长辈早晚问安，天天如此，长辈不苟言笑，小辈畏惧沉默；过年过节敬神的场面严肃，高家本应由辈分最高的高老太爷主持祭祀，他有病就由克明主持，男左女右站立，祭祀开始，先祭天地、再祭先祖，按照辈分高低、年龄大小依次而来，祭祀完毕，儿子儿媳给高老太爷拜年、孙子孙女给老太爷拜年，克字辈互拜、儿子女儿给长辈拜年，仆人给主人拜年，主人还礼等等；贾府礼仪更加繁琐，第三回林黛玉进贾府的过程从一个侧面展示贾家平时的礼仪；贾府仆人畏主，不论何地仆人见主人要请安，晚辈见长辈要行礼，少见长要施礼；贾府祭祀宗庙，献品花样繁多，时间更长，场面更大，人物更多，礼仪更复杂。高家除夕夜饮酒的酒令有点像贾府，只不过赶不上贾家的文化气息；还有元宵与中秋两大节的礼俗高家和贾家也有极大相似性，不再赘述。

## 四、各色人物相似的命运

高家梅小姐和高觉新、琴小姐和高觉民的亲戚关系和爱情关系，很像贾宝玉和林黛玉、薛宝钗的隐秘关系；胆小的小脚淑贞想不通女孩为什么嫁到别人家，很像惜春玩笑说跟智能儿当姑子去；连活泼的淑华也与探春有几分相像；张家琴小姐有个在尼姑庵不常回家的祖母，而宁府有个好道的贾敬；高家有仆人高升，张家有张升，贾家有来升。

鸳鸯，贾母得力的贴身丫鬟，贾赦大言不惭让正妻邢夫人出面找儿媳王熙凤想办法、找鸳鸯哥嫂做工作，遭到鸳鸯拒绝，邢夫人也受到贾母训斥。此事弄得沸沸扬扬，贾府人人尽知，而贾赦放言贾母百年后鸳鸯逃不出他的手心，真是丑陋至极。鸳鸯，就是金鸳鸯，誓死不嫁，并且嘲弄贾府男人；鸳鸯，意志坚定，靠贾母庇护，暂时保全了性命。高家的鸣凤就很不幸了。鸣凤，婢女，和高觉慧暗暗相爱。主仆相爱，挑战礼教，在旧时代注定失败。鸣凤极力反抗，但最大的反抗就是死亡。假设鸣凤在沉湖前的叫声被高觉慧听到，高觉慧能给她以保护吗？不可能，高觉慧太年轻、太无力了，所以巴老干脆让鸣凤带着孤独痛苦无助悲壮地去赴死，也不让高觉慧听到她叫"三少爷"。旧式家族的力量太强大了：婉儿做了鸣凤的替补，一轿子抬于冯家就是明证，鸣凤死后高公馆的生活依旧就是明证，死水不澜。

贾家，做反叛的只有黛玉、宝玉，在清朝正强盛的时期，宝黛的失败是必然，从贾府的人脉看、从宝黛的性格看，失败也是必然。

20 世纪 30 年代，高家，子弟接受新式教育，形成反叛群体：高觉新虽软弱但从瑞钰的难产死亡的教训中觉悟到压迫他的是制度和礼教，从而站在弟弟一边，暗中支持弟弟反叛；高觉民、琴小姐进行有智慧的反叛；高觉慧，顺江出川，远走上海，走向广阔的天地，进行彻底的反叛。

贾家，宝黛反叛，输得彻底；高家，反叛群体大局胜利。这是否让人得出结论：时代是人成功的条件，有担当的男人是女性冲破锁链的保证？

# 批判思维训练示例

## ——浅议刘心武续写《红楼梦》

　　读红学专家刘心武先生续写的《红楼梦》后二十八回，深感于先生二十多年的艰苦劳动和探索精神。续写部分在语言风格上尽量接近曹雪芹的原作，真的花费了先生的无穷精力，可敬，比如对贾宝玉当了花子的感觉揣摩确实高超：

　　"世人还是贪心多，

　　搂着抱着背着挎着揣着掖着头上顶着脚下拐着嘴里含着，

　　恨不能世上好的全归我！

　　到头来，

　　噎着呛着摔着烫着哭着喊着头上肿着脚下瘸着嘴里烂着，

　　悔不该心里头支口大砂锅！

　　有道是：

　　打破砂锅璺到底，

　　还是花子最快活！"

　　但掩卷反思，一股别样的情思萦绕于身，不吐不快。

　　秦可卿是一个什么样的角色呢？刘先生把她诊断为"政治人物"，是忠亲王的女儿，这与"风月宝鉴"的初衷——极情人物相悖；且刘先生设计的秦可卿死得古怪，是由于元春为高升而密告被皇上赐死的，证据似乎就是豪奢的葬礼，真是牵强。续写部分除元春的人品同贾兰、李纨的自私、麻木、吝啬一样让人作呕外，元春死于冯紫英、卫若兰、陈也俊等人的刺杀，贾母听了赵姨娘的话后中风无治死去，孙少祖调戏王爷的小妾在逃命中被贾赦相救，贾赦竟荒唐地把迎春嫁给他，薛蟠一碗打死夏金桂，的确匪夷所思。林黛玉泪还完后眼中滴出的竟然是红色的珠子，她自沉凹晶馆时，衣服按次序一件件飘飞，贾府上下知道她原来是仙女归界就不再悲伤；薛宝钗死于雪地，虽应了"金簪雪里埋"，但有两只团扇大的玉色蝴蝶苏醒翩飞；贾宝玉与史湘云是妙玉所救，两人一路历尽磨难，和花子一起同乐，当回到荣宁街时由于长期缺盐，头发全白，"白头偕老"了，且贾宝玉死去时，尸体全无，雪天的海棠花朵朵怒放，村人认为他是神仙归去了。"双宝一黛"之死，纯乎是神话，怎能留住读者与时间呢？妙玉救下贾宝玉后在船上与忠肃王同归于尽，且妙玉打开最后一个宝箱时自动机关点燃大火，仿佛炸弹爆炸，又是烟花满天，有点武侠风味，又让人感到是过年过节了；王熙凤死得更蹊跷，先前平儿坐正，她充当平儿原来的角色，后被忠肃王押在向金陵的船上由于长期饥饿身体消瘦从窄窄的窟窿里跳河而死，不是机械地回答了"哭向金陵事更哀"吗？柳湘莲又持剑反身人间笑傲山林，这与他因尤三姐死后的后悔决绝性格相矛盾。

对人物命运安排得不合情理，又让人想起新版的电视剧《红楼梦》，人物扮演浮躁丑陋，脱不了商业化的炒作，插曲怪诞矫情，大倒胃口。功利的促使下，谁还能像87版的演员一样沉浸在大观园中体验人间真味呢？谁还像王立平先生一样用生命和灵魂为红楼配曲呢？

断章，就是断章！维纳斯就是断臂，断章也是一种无法替代的美！有必要续写乎？！

# 综合思维训练示例

## ——"王熙凤研究"教学设计

《红楼梦》是一道丰碑，是一座文化圣山，笔者在备课时既立足课本又跳出课本，试图让学生走进"红楼"，感动于它的博大和神秘，培养起对《红楼梦》的阅读兴趣，为课外认真阅读留下伏笔；借对王熙凤的集中讲析，力求让学生挖取曹雪芹写人的冰山一角，从而在写作中借鉴；同时给学生道德教育，引导他们在人生的征程上，要学会弘扬人性的优点，抑制人性的弱点，成长成具有健康人格的富有魅力的人。

本课容量大，若下狠手裁剪内容，会破坏教学的整体性，难以达到预计效果；若不裁剪，学生的活动时间会受限，不能充分地体现教学中学生的主体性地位，所以如何做到灵活教学是对教者最大的考验。不过教者坚信教出自己的风格，闯出个性化的路子是正确的思考，愿意努力去实现。

为此，本课设计重点考虑为对王熙凤的研究，指导学生学习作者对她的雕刻技法自然就成了重点，而人物的出场法、肖像描写法是重点中的重点。而王熙凤性格复杂，对她性格比较全面地把握和对她的评价就成了教与学的难点。

以下是这节课的设计实例：

教学过程

## 一、引入

1. 放听《红楼梦》引子

2. 老师导入：

好一曲《红楼梦》引子如泣如诉，令人荡气回肠，这是王立平先生用生命写就的美曲。现在我们在乐曲的余韵里再次走向红楼，走向其第三回——《林黛玉进贾府》（板书课题）。

3. 新课

马克思说："社会是人类一切关系的总和。"我们看看貌似天堂实为地狱的贾府——七级宝塔式构成（老师板画其图）：塔尖的是贾母，下面依次为贾赦、贾政一辈，"王"字辈，"草"字辈和三级仆人。一部红楼梦，一部贾家史，一部贾家史，半部中国史。在等级森严的贾府一切经济权、财政权掌握于一人之手，同学们知道是谁？20岁的王熙凤，全书中作者对其用墨很多，我们就专门研究她。

## 二、王熙凤研究

（一）（隐喻性、文学性）热闹的凤凰

（二）出场

1. 未见其人先闻其声（和林冲、张飞的出场同）

2. 时机

①不能先于贾母：贾母是权威的象征，地位最高，她哭别人陪哭，她笑别人陪笑，且与林黛玉最亲，从伦理上王熙凤不敢也不能先出场。

②群体衬个体：若以集体出场无以显其特殊性，群体出场的人物是为了衬其闪亮登场的独特性，她必须得后出，同时作者前面没有时间专写她。

③以虚衬实：荣府主要人物——亮相，唯有其他男子（除贾宝玉）都未出场，这也是作者的用心良苦，红楼世界几乎是女儿国，女子占主导，用"政赦"的虚来烘托王熙凤的实，显示出她是主角中的主角。

**（三）未见其人先闻其名**

冷子兴说"说模样又极标致，言谈又爽利，心机又极深细，竟是个男人万不及一的"，这在后来协助宁府料理秦可卿的丧事中得到证明。

**（四）精雕细镂的肖像**

高于《三国演义》和《水浒传》（例如张飞和林冲一样的肖像，刘备、马超和诸葛亮都是"面如冠玉"，写人物都少不了身长几尺这些雷同的笔法），既有传统的素描法又有西洋的油画法。别于黛玉（用本色，轻服饰，重气质；多角度，分点写，犹如祥林嫂和玛蒂尔德），王熙凤重服饰，重精神，集中描写，一气呵成，二人之比较很像托尔斯泰对安娜与吉提在舞会上的对比。

**（五）独特的语言**

以上（四）（五）两点主要引导学生根据文本研究。

**（六）暗示**

1. 绰号：凤辣子

2. 画

3. 判词：凡鸟偏从末世来，都知爱慕此生才，一从二令三人木，哭向金陵事更哀。（弄死贾瑞，受贿逼死两个年轻人，迫使鲍二家的上吊，折磨尤二姐死去，放高利贷，被瑄休，可惜是断章。）

## 三、讨论

假如你身边有个"王熙凤"，你如何看待她？

1. 小组讨论

2. 全班交流

3. 老师点评

魔鬼有时也是带笑的，上帝的眼里有时是带血的，天使何尝不能带些刺？评其不能一棍子打死，试想古代社会哪一个成功者的座位下没有鲜血和眼泪？如彼得大帝、大汉天子、武则天、康熙等。况且人物因缺点而可爱，性格因暗点而丰富，王熙凤整死贾瑞是为了维护尊严，弄死尤二娘是为了稳固统治地位。站在不同的位置，就会得出不同的结论，正向看她精明能干，处事干练，灵活圆通，具有政治家的气度，铁娘子的风采。反向看她刻薄刁钻、面甜心苦、见风使舵、八面玲珑等。总之，有一千个读者，就有一千个王熙凤，老师也作诗一首从另外的角度来评价：

### 凤
#### 夏志雄

你从女神的手中飞出/飞越了几千年的风雨/绽放成一天的美丽//你带着冰山寒气/裹挟了残唐的余温/和地火的血性//叽叽/鸟儿这样说/叽叽叽/鸟儿这样说/征服是你的证明/你把周身的羽毛拔去/一个干瘪的生命坠落/大地哭了/翎毛冷成漫天的飞雪

## 四、作者自评

### 聪明累

机关算尽太聪明，反算了卿卿性命！生前心已碎，死后性空灵。家富人宁，终有个家亡人散各奔腾。枉费了，一悬悬半世心；好一似，荡悠悠三更梦。忽喇喇似大厦倾，昏惨惨似灯将尽。呀！一场欢喜忽悲辛。叹人世，终难定！

1. 学生齐声朗读

2. 老师范唱

3. 点拨：王曲曹词是两颗伟大灵魂的碰撞，我们应在课外怀着感动背熟唱熟《聪明累》。

## 五、结语

做人上学习王熙凤的闪光点，扬弃其缺点，写作上力求写人个性化，写出魂。

下面来阐述设计中的教法设想：

1. 情境教学法的运用。"它山之石可以攻玉"，为了把学生一开始就"擒"入"红楼"，引入的时候凭借音乐手段；为了让学生明白王熙凤的重要，特用美术手段，把其先初步定格在学生心间。

2. 比较法。讲析人物出场时，为了让学生有个横向了解，特把她与《三国演义》中的人物和水浒英雄林冲比较；学人物肖像画法时，既有中西之浅比，又有人物之横比，拓宽学生视角，为其以后进行人物研究提供思考方式。

3. 多角度放射法。为了让学生知全貌评其人，对王熙凤的分析适度的扩展，引入名字内涵、画之隐义、判词、歌曲、其在贾府中的主要活动，从多个层面对她扫视，让学生明白多角度、多视角之笔法，使得人物性格丰满。

4. 诗文结合法。为突破难点，特采用以诗评人的手段，教者直接走入评论前沿，作诗示范，同时把作者曹公的自评诗引入课堂，大大激发学生兴趣，给他们打开另外一扇天窗。

5. 名曲吟唱教学。兴趣是最好的老师，为了使教学深入学生心扉，让学生受到美的教育，也体现寓教于乐，特意引导学生唱《聪明累》，在音乐的氛围走出"红楼"。

# 第三辑

## 群书阅读——品读三国

群书阅读，就是引导学生对几部书进行阅读，比较写法、结构、人物等方面的异同，从中发现问题深入探究，培养学生的综合分析能力、批判分析能力、创新探究能力。群书阅读内容多，所用时间大，必须要在课外阅读，所以培养学生的主动阅读习惯很重要；群书阅读难度大，专题性强，要广泛查阅相关书目，所以对学生方法引导十分必要。下面以《三国演义》为主，仍然采用问题引导法。

# 试问谁更高

《三国演义》书写会战，场面宏大，以塑造英雄群体著称；《红楼梦》透析家庭，工细高超，以描写女性群体见长。下边把两书做一比较。

## 一、《三国演义》的雷同

### （一）人物描写雷同

刘备：身长七尺五寸，两耳垂肩，双手过膝，目能自顾其耳，面如冠玉，唇若涂脂。

张飞：（当日刘备见了榜文，慨然长叹。随后一人厉声言曰："大丈夫不与国家出力，何故长叹？"玄德回视其人）身长八尺，豹头环眼，燕颔虎须，声若巨雷，势如奔马。后面写张飞，或圆睁环眼；或倒竖虎须、圆眼环睁，咬碎钢牙。《水浒传》里林冲也是张飞翻版：豹头环眼，燕颔虎须，八尺长短身材，三十四五年纪；出场也是未见其人先闻其声。

关羽：身长九尺，髯长二尺，面如重枣，唇若涂脂，丹凤眼，卧蚕眉——相貌堂堂，威风凛凛。

曹操：身长七尺，细眼长髯。

孙坚：生得广额阔面，虎体熊腰。

华雄：身长九尺，虎体狼腰，豹头猿臂。

赵云：生得身长八尺，浓眉大眼，阔面重颐，威风凛凛。

马超：一少年将军，面如冠玉，眼若流星，虎体猿臂，彪腹狼腰。

文丑：身长八尺，面如獬豸。

孔明：身长八尺，面如冠玉，头戴纶巾，身披鹤氅，飘飘然有神仙之概。

许褚：身长八尺，腰大十围。

郝昭：身长九尺，猿臂善射，深有谋略。

赤兔：浑身上下，火炭般赤，无半根杂毛；从头至尾长一丈，从蹄至项高八尺；嘶喊咆哮，有腾空入海之状。（写马也不离尺寸）

**（二）动作雷同**

第十回马超擒李蒙：马超勒马便回。李蒙见王方刺死，一骑马从马超背后赶来。超只做不知。马腾在阵门下大叫："背后有人追赶！"声犹未绝，只见马超已将李蒙擒在马上。

第十五回："策回头，忽见樊能到，乃大喊一声，声如巨雷。樊能惊骇，倒翻身撞下马来，破头而死。策到门旗下，将于糜丢下，已被挟死。

第四十二回：飞望见曹操后军阵脚移动，乃挺矛又喝曰："战又不战，退又不退，却是何故？"喊声未绝，曹操身边夏侯杰惊得肝胆碎裂，倒撞于马下。

**（三）情节雷同**

1. 貂蝉离间董卓和吕布与第十回中杨彪唆使妻子传言郭汜妻让李傕和郭汜反目相似。

2. 第二十六回曹操破文丑时把粮草和马匹丢下诱文丑军争抢和后来诸葛亮用木牛流马运粮诱魏军相似。

3. 第七回孙坚破黄祖时用船诱得十数万支箭与第四十六回诸

葛亮草船借箭相似。

4. 曹操背水而阵与第一百一十回姜维背水而阵破王经相似。

5. 袁术、袁绍兄弟都是吐血而亡。

## 二、《红楼梦》的人物描写

四大名著人物描写，《红楼梦》的艺术水平最高。

（一）出场多变

1. 未见其人先闻其名，如冷子兴介绍贾府主要人物，王夫人给林黛玉介绍贾宝玉。

2. 未见其人先闻其声。如对王熙凤先写笑声后绘肖像，对贾宝玉的描写是先闻脚步声，后见其肖像。

3. 集体出场，如三姐妹出场：不一时，只见三个奶嬷嬷并五六个丫鬟，簇拥着三个姊妹来了。第一个肌肤微丰，合中身材，腮凝新荔，鼻腻鹅脂，温柔沉默，观之可亲。第二个削肩细腰，长挑身材，鸭蛋脸面，俊眼修眉，顾盼神飞，文彩精华，见之忘俗。第三个身量未足，形容尚小。其钗环裙袄，三人皆是一样的妆饰。（第三回）

4. 个体出场，王熙凤、贾宝玉、秦钟等。

5. 侧面出场，如贾赦贾政在第三回里，有其言，不见其形。

（二）肖像多样

1. 精雕细刻。如第三回写王熙凤，重在服饰，从头到脚一路写来，充满珠光宝气；贾宝玉也是，满身富贵之气。

2. 素雅平淡。如林黛玉初进贾府，重在精神，凸显袅娜之态，充盈悲凉之感。

3. 虚实相衬。如第三回以贾赦贾政虚来衬众人的实，突出王熙凤的地位高；如多处运用魔幻世界衬托现实世界。

4. 异同比照。如王熙凤同尤二姐、夏金桂的对比,林黛玉与晴雯、妙玉的对比,贾宝玉甄宝玉对比,贾宝玉秦钟对比,贾宝玉芳官对比(独特的男女比较),贾宝玉与北静王水溶对比,贾宝玉贾环对比,贾赦贾政对比,贾雨村甄士隐对比,冷郎君柳湘莲和醉金刚倪儿对比,林黛玉与薛宝钗对比,香菱秦可卿对比等。

有美对比美、丑对比美、丑对比丑,打破了传统写人的脸谱化、类型化、单一化的不足。

5. 动态描写。人物在不同人眼中,在不同场景,变化式肖像描写很多。

如林黛玉初见宝玉是一写宝玉,等宝玉换了衣服第二次见面又是一写宝玉;林黛玉、刘姥姥、尤二姐眼中的王熙凤;王熙凤、宝玉、贾母眼中的秦钟;根据情节对人物采用发展式描写的例子很多,或突出肖像,或突出行为,或突出语言,或突出心理,或突出精神,笔法灵活,值得研究。

(三)性格多元

《红楼梦》人物描写既有《三国演义》的传统笔法,又有西洋的油画技法,中西结合,极尽人物描写之能事,去掉了《三国演义》的单一写法。一僧一道,一贫妇一老尼,一垂髫一成人,或官或民,或男或女,或老或少,或主或仆,或呆或傻,或情或痴,或直或憨,或刚或柔,简繁合度,百变九曲,人物个性毕现,跃然纸面。

(四)隐喻命运

利用判词、画面、歌曲、谜语、对话、游戏暗示十二钗的结局。

纵观《红楼梦》全书,很难找到雷同之处,像写薛宝钗两次用"脸如银盆"等语,但为突出宝钗的健康。

当然，《三国演义》和《红楼梦》两部书写人也有相似处，如都有魔幻笔法，但《三国演义》里用的魔幻内容少、次数少，而且没有《红楼梦》运用魔幻的角度多和变化大，那么写人到底谁技高一筹呢？

# 漫谈三国

这是笔者为激发学生对《三国演义》与《三国志》比较阅读的兴趣，而进行的一次演讲。

天下合久必分，分久必合。一部三国，半部历史；一部三国，一份悲壮。现在跟老师走进三国吧。

歌词说："我很丑，但我很温柔。"我说："我很丑，但我很单纯。"因为我的课件没有音乐，没有图片，只有题目，没有内容，只剩下单纯，请同学们不要嫌弃啊。

我们先看看作者其人。

大家知道罗贯中是哪个朝代的人？

元末明初。

元朝是个什么样的朝代？《窦娥冤》告诉我们，它是一个出流氓的朝代。其实，流氓每个朝代都有，为何把元朝搬上戏剧舞台？这与戏剧发展的历史有关，同时又和元朝统治者有关。

要理解这个问题，就要了解古代蒙古人的习俗：父死娶母，先生后嫁——当然是后母，没有血缘关系。生育是头等大事，人力资源对于草原民族尤为重要。草原民族惯于游牧，惯于厮杀，以夺取女性为自豪。成吉思汗的母亲就是他父亲抢来的，成吉思汗的好多妻子是战场上俘获的。这是他们的习俗，我们应该尊重。

元朝，草原文明和农耕文明发生激烈冲突，存在严重的等级歧视现象，汉族尤其是"南人"社会地位更低。所以汉族知识分子对元朝统治者有强烈的排斥性，认为是低级文明对高级文明的践踏，对其统治策略极度反感，骨子里是对传统文化的坚守，对忠义思想的讴歌，这就是《三国演义》"拥刘贬曹"思想的一个原因，当元朝灭亡明朝诞生时，罗贯中更有条件在作品中放大这一思想了。

忠君思想历来就有，比如刘邦的"大丈夫当如是"就是代表。

当然否定君权也很有代表性。项羽说"彼可取而代也"，陈涉说"王侯将相宁有种乎"，窦娥说"地也，你不分好歹何为地；天也，你错堪贤愚枉做天！"关汉卿借窦娥的口怀疑天地，就是否定君权；《水浒传》里官逼民反、官逼官反也是，《西游记》中孙悟空的"皇帝轮流做，明天到我家"更是。

不过要看到的是忠君之人远远多于否定君权之人。

陈寿，谯周的学生，一生不得志，蜀国黄皓专权时，他受打压，屡屡遭贬，就是诸葛亮的儿子诸葛瞻对陈寿也不好。蜀国灭亡后，陈寿到晋朝任职，情况好于蜀国时，他对晋朝的情感也好于蜀国，但他以历史学家的高度责任，客观地评价了诸葛亮。

比较《三国演义》，《三国志》虽然有一丝对蜀国的不满，但整体公允。

隋唐时，三国英雄的故事家喻户晓，到宋代成为话本，罗贯中再结合《三国志》写成通俗演义。

与《三国志》比较，《三国演义》主要有三种方法。

## 一、张冠李戴

刘备打督邮，张飞背黑锅。

刘备怕督邮裁剪掉自己，想勾通，不成功，闯进去打督邮二百杖，把官印挂在柳上逃走，而《三国演义》里是张飞捆了督邮打，连续抽断十几条柳枝。

孙坚斩华雄，草船来借箭。

孙坚独骑行岘山被黄祖的军士射死，不是中计遭乱射；孙策独行，被仇家所杀，不是死于斩于吉。父子两个都很冒，都是冒死的。

袁绍得玉玺，曹操抢皇上，高下一目了然。

三将缚陈宫，吕布败而降。

是侯成、宋宪、魏续捆了陈宫，率众投降，吕布被围白门楼不得不降。

马谡街亭战张郃，屯山而阵兵败。

孙子曰"置之死地而后生"，马谡知道；孙子又说"高陵勿向，背丘勿逆"，张郃知道；但孙子又说"十倍而围之，五倍而攻之"，所以张郃围山断水，马谡成又一个赵括也。

而定军山，黄忠斩杀夏侯渊，用的是势。孙子说："故善战人之势，如转圆石于千仞山者，势也。""兵无常势，水无常形，能因敌而取胜者，谓之神。"黄忠神，张郃神，马谡傻。

英雄泪，谁最多？

评袁术"冢中枯骨"是孔融，不是曹操，但曹操临终时给妻妾钱布，让其自由选择来去，开明；要求坟茔不留土堆，让肉体回归大地，大气；让生命混于青草，智慧。

曹操对待刘备很好，"出则同舆，坐则同席"。

正像林黛玉爱流泪，《三国志》里流泪最多的是曹操，不是刘备。

曹操敢爱敢恨敢哭敢笑，真乃英雄，谁像项羽在乌江畔只笑了一次就自刎了。

## 二、无中生有

且说刘备正唉声叹气，被张飞骂道："大丈夫不与国家出力，何故长叹？"这一骂二人相识。那桃花、那美酒、那英雄！电视剧里配上刘欢的《这一拜》，真让人兴奋，但这是想象；虎牢关三英战吕布，也是虚构。你说让人不失落吗？

三顾茅庐，洋洋洒洒一万两千字，尤其写雪中寻访之境界很美。但《三国志》里只有"凡三往乃见"几字。

关羽呢？"备将关羽屯下邳，复进攻之，羽降。"没有土山之围，有条件投降。"知刘备绍处，逃归。"只斩颜良没有千里走单骑，也没有长沙大战黄忠；有刮骨疗毒，但非华佗而为。

张飞长坂坡先拆了桥，带二十几骑，在断桥那边大喝："身是张翼德也，可来共决死！"没有夜战马超，正像没有许褚裸体战马超。

赵云乱军中救了阿斗，但没七出七进枪并挑曹操五十八员大将；没有隔江夺阿斗；也没有刺高览于马下，正如张飞没有刺纪灵；赵云不是常胜将军，曾在箕谷以少量军队挡曹真失败遭贬。

曹操没有被马超打得割须弃袍，没有掩面指黄马蒙吕布，没有梦中杀人、割发代首，也没杀吕伯奢全家八口、为粮食诱杀王垕，没借黄祖刀杀祢衡，也没低看献图的张松。

同样，诸葛亮没舌战群儒、坛祭东风、三次被害、三气周瑜、江东吊孝、七擒孟获、骂死王朗、气死曹真、空守西城、火烧司马、智杀魏延。

插一句，诸葛亮的失败是战略失误，蜀国没有物力人力，曹丕也不是昏君，曹丕能看到夷陵之战刘备连营的失误就是说明。面对国力强大的魏国，蜀国只能坚守。诸葛亮六出祁山，连粮草不能维持，这不是证据吗？诸葛亮有重大科技发明，比如发明木牛流马，但他政治管理才干高于军事能力，蜀国无人为继，诸葛亮知其不可为而为之，悲乎！水镜先生曾说"卧龙得其主，不得其时！"准乎！

## 三、魔幻笔法

《三国演义》魔幻笔法运用比比皆是。比如黄巾军施法飞沙走石，董卓被杀前他母亲肉疼，孙策斩于吉不死，曹操被关羽头吓倒，曹操剑砍千年梨树血溅一脸，诸葛恪被杀前闻什么都发臭，赵云死时大风摧折高树，张飞被害大星坠落天际，诸葛亮火烧孟获军折损阳寿，五丈原将星暗淡，诸葛亮自我禳解等，不过魏文帝曹丕听到南城城门塌落预知死亡《三国志》里也有记载。魔幻笔法《史记》也有，比如写刘邦父亲在野外看见刘邦母亲被大蛇缠住，刘邦生下后左大腿有七十二个黑点；刘邦借酒斩挡路的大蛇后遇见老妇人哭泣说儿子被杀，这就是赤帝子刘邦斩白帝子起义；荥阳大战刘邦被围，陈平用调包计，让纪信扮演刘邦率领两千伴男女人出东门，而刘邦出西门时飞沙走石天地昏暗楚军不辨东西，刘邦趁乱逃走。

魔幻笔法，自古就有，远远早于西方的古希腊神话，比如后羿射日、嫦娥奔月、女娲补天、精卫填海，《山海经》《搜神记》《三王墓》里都有体现，《柳毅传书》人神相遇，窦娥临终三愿并托梦父亲，一直到《西游记》《红楼梦》《封神演义》和莫言的作品。比如《蛙》中接生成功八千孩子引产两千的姑姑傍晚走过桥头时眼前蜂群般的蛙弄得她放不下脚，十分害怕。蛙，娃的象征。王戈先生认为莫言的作品是荒诞现实主义作品，不同于马尔克斯的《百年孤独》，此言得之，莫言笔下的魔幻有别于《百年孤独》的人和灵魂直接相视对话式魔幻。《百年孤独》是好书，建议同学们看三遍，因为两遍看不懂，而莫言的作品很复杂，乱了"人伦"，不合传统口味，受众面远远低于《平凡的世界》，不主张中学生阅读。还有，诺贝尔文学奖的评选背景复杂……

下边顺便探讨两个问题。

## 一、子嗣问题

中国人有个习惯就是偏爱小儿，帝王家也普遍存在。子嗣问题是很重要的问题，往往引起严重的后果，胡亥当政，扶苏死去，直接引起秦朝灭亡。《三国演义》里袁绍偏小，兄弟内斗，加速袁氏灭亡；刘景升偏小，曹军南下，引来空前危机；孙权的小儿子孙亮接任，为祸乱埋下伏笔。刘备呢？杀了义子刘封，刘禅软泥不上墙，乐不思蜀成千古笑谈。曹操是聪明人，曹昂战死，曹丕为大，保持魏国稳定和发展，为一统天下打下坚实基础。

## 二、谋略趣谈

据说侵华日军人手一本《三国演义》。《三国演义》有好多军事谋略，如大家熟悉的苦肉计、连环计之类，下边谈谈其他些谋略。

### （一）用间计

"因其乡人而用之"，曹操阵前和韩遂叙旧情，"抚掌大笑"，麻痹马超，又送韩遂圈点的书信，离间了韩马，此为巧用离间计。补充一句，马超没杀韩遂，韩遂在金城被部下所杀。

"因其敌间而用之"，周瑜巧妙施反间计，蒋干盗书，曹操中计，杀掉蔡冒张允，周瑜完胜。

### （二）水攻法

水攻是军事常用的战法，比如韩信截流斩杀龙且，引起项羽震动，但蒋介石花园口炸黄河，没有伤着侵略军，却弄得哀鸿遍野，是一次宋襄公式的做法。《三国演义》的第一场水就是曹操和郭嘉不谋而合，改沂水泗水淹下邳擒吕布；第二场就是关云长水淹七军，败曹仁擒李典，震动魏国朝野，曹操甚至想迁都避锋芒。

两场水攻，一场是人工造境，一场是自然用水。水攻要具备条件，火攻最易最多。

（三）火攻法

孙子曰："凡火攻有五，一曰火人，二曰火积，三曰火辎，四曰火库，五曰火队。"《三国演义》有七场大火：曹操烧乌巢、孔明烧博望、烧新野、烧藤甲军、烧上方谷，孙刘烧赤壁，陆逊烧夷陵。

官渡之战，曹操三万人，袁绍十万人，曹操火积获胜。赤壁，曹军二十三万人，孙刘五万人，联军火人、火辎获胜。不过赤壁的大火，一部分是曹操自己下令放的，为毁灭装备，不予敌手。夷陵之战，双方各投入五万，东吴火人获胜。

同学们要注意双方投入兵力，古代社会人力有限，像姜维在大将军费祎时代他只带一万，演义里的兵力是文学虚构。

（四）**诱敌法**

春秋城濮大战，楚军背靠山地，对晋军不利，晋文公退避三舍，既卖人情，又诱敌深入，歼灭两翼，逼迫楚主将子玉自杀。晋军三万人战败楚军四万五千人。

一战二战、法俄之战，斯拉夫人常用诱敌深入，以国土换时间，最后取胜。哈哈，这绝不像软蛋宋朝以金钱换和平。

夷陵之战，陆逊先示弱于蜀，把刘备引入山地，具备火攻条件。这正是孙子说的"兵者，诡道也。故能而示之不能，用而示之不用。"

诱敌深入，集中优势兵力歼灭敌人，这是毛主席领导中央红军取得三次反"围剿"胜利的主要战法。

**（五）运动战**

乌巢之战，曹操用的就是运动战，他率领特种兵以神速攻敌要害，获关键点的胜利。战争的境界是消灭敌手，保存自我。红军、解放军惯用急行军大迂回之运动战，比如四渡赤水出奇兵。运动战通常是兵力弱的一方通过运动寻找最佳战机，但海湾战争，多国部队成功运用了运动战。多国部队在海湾进行大规模佯攻，吸引了伊拉克防守方向，然后以重兵从沙特快速进入伊拉克切断共和卫队归路，萨达姆败得一塌糊涂。

孙子曰："善守者，藏于九地之下；善攻者，动于九天之上。"海湾战争前一阶段，伊拉克用伪装目标大量消耗了多国部队的导弹，多国的"沙漠盾牌"奏效不佳；后期多国部队采用间谍手段，利用技术全面领先、信息单方面透明的优势，展开"沙漠军刀"，伊拉克军队很快瓦解。

谁拥有信息优势，谁能灵活运用运动之战。

**（六）美人计**

《三国演义》里，曹操用此计，但关羽秉烛通宵达旦，曹操感叹关羽真义士；周瑜用此计，孙尚香嫁上刘备，控制刘备之谋失败；王允用此计，吕布杀掉董卓，貂蝉献身国事获大胜。

美人计用得较早的是范蠡，勾践豺声，此人可共患难，但不可共幸福，范蠡最后带受伤的西施隐退江湖。

美人计用得最绝的是白登解围。彭越死了，黥布死了，带兵多多益善的韩信也死了，匈奴大兵压境，善将将不善将兵的刘邦只得率军抵挡。结果，刘邦被对手围在白登山七天七夜。纵反间计气走范增、用调包计让刘邦荥阳西门逃脱的谋臣陈平，看到匈奴大汗巡视胡兵时每天带着爱妃，于是派人偷偷见了胡人王妃，献上柔软好看的丝绸等礼物让她劝大汗撤兵，不然汉族多美女，献给大汗几个，她的地位不保。白登解围就是这样不光彩。

美人计用得最悲凉的是和亲。语言不通，王昭君把千古幽怨揉进琵琶；文成公主被母后欺骗，气愤得把冷漠的镜子甩成日月山；蓝琪儿抛一把泪，把天真可爱与亲情埋葬草坡，远走大漠。国家的命运，为什么要弱女子柔软的肩膀承担？和亲，男人的耻辱；和亲，最无奈的计谋。

貂蝉的故乡在哪里？是临洮吗？是山西吗？《三国志》里她的前身是董卓的侍女，孙尚香也无其人，不然，以毁灭自己拯救男人的耻辱，这些美女的遭遇，真把人遗憾死了！

现在抢美女、抢贤士的故乡，但怎么没有人抢董卓、抢秦桧呢？

"品读三国"活动就要画句号了，但品读名著远没停止，我建议同学们以后看看《汉书》《后汉书》《资治通鉴》和毛宗刚、裴松之等人评点的《三国演义》，全面研究"三国"风云。

今天，我给二十一位选手赠送我的第二本书——诗文集《乡愁哪里置放》，我还给大家透露一个消息，我的第三本书——文学评论《阅读和思考》已经在和暖的房子里冬眠，待到梅香校园春风回归的时候与它见面。这一学期，我和队友进行阅读教学改革，积极推行群文阅读教学、群书阅读教学，下学期，我将带领同学们走进《平凡的世界》和《红楼梦》，让群书阅读达到一个新的高度。谢谢同行，谢谢同学！

# 品读三国读书报告的几个亮点

　　安排全级学生在高一第一学期通读了《三国演义》原著，原计划在第二学期进行全级的演讲比赛，经过深入阅读课堂调查，发现班级阅读进度不平衡，为了真正让学生对《三国演义》达到熟读的程度，巩固对《三国演义》的阅读效果，全级又安排学生重读《三国演义》，在高二第一学期安排了"品读三国"的读书报告会。先由学生自定内容做课件，积极准备三周，然后在班上进行演讲，学生积极性高，有的班上有五六组参加，经过班内激烈角逐，每班确定一组同学代表班级参加全级的讲演比赛。

　　经过语文老师和级部领导的磋商，确定到12月下旬在学校大报告厅举行。

　　参赛选手分为五场，从周一到周五的下午课外活动到晚自习间进行，由十位语文老师当评委，有领导和班主任老师参与组织，活动搞得很有特色。

　　最后由笔者的《漫谈三国》演讲把活动推向高潮，为群文阅读教学中的整书阅读教学积累了丰富经验，为全校的阅读教学提供了重要的参考，也是对高中生进行高阶思维训练的很好实践。

　　20多位同学的登台演讲和演讲内容的文本，是群文阅读下学生思维品质和高阶思维有所提高的证明，这次活动有以下几个亮点。

## 一、构思新颖，角度独特

《英雄背后》以出奇的视角介绍了貂蝉、大小乔、甄宓、邹氏、孙尚香几位绝世美人的人格、作为、命运，以太极的柔性陪衬了三国英雄的虎性。构思让人耳目一新，让听者难以忘怀。《三国女性角色盘点》列举了勇武忠义的祝融夫人、智慧而奇丑的黄月英、持家有方的丁夫人、白玉美人甘夫人、祸乱荆州不得好死的蔡夫人、优雅多才的蔡文姬、美妙绝伦的甄姬、尚武忠贞的孙尚香、姐妹之花大小乔、倾国倾城的貂蝉，总结了乱世之中女性群的不同生存方式。

《〈三国演义〉中兵器对人物形象塑造的作用》有最有创意的发现角度，敏锐地发现了演义中兵器对英雄的衬托作用，先后介绍了大刀、长枪、画戟、大斧、短剑等兵器，与人物身份达到绝美配合。

《沉醉书香，同醉经典——刘备创业之我见》认为刘备是"佛系创业者"，早期失败的主要原因是没有地盘，即没有根据地，也就没有钱粮没有人力，请诸葛亮下山，向西蜀发展，才结束了四处的生活。

《官渡之战与谋略》构思新巧，举重若轻，把官渡之战分为交锋、相持、转折、决胜四个阶段精细对比，详细分析了每个阶段的谋略运用和作战效果，让人明白科学用人是取胜之道，并且只有大智慧才敢一着险棋制胜。用人之道同样体现在《知人善任三代盛》中，评价了东吴兴盛的人事原因。

## 二、文笔华美，论据充分

《重究曹刘评功过，翻覆演义论是非》以优美的语言引入：

听，战鼓擂擂，江河浩荡，九州缥缈烟尘起！

听，号角阵阵，日月盈辉，三国风云撼天地！

听，刀剑铮铮，战马嘶鸣，乱世群雄，权谋江山，万民归心，天下归一！

却听一曲筝起，惊鸿一瞥——

只见白衣胜雪，挥毫濡墨，载史千古，留万世芳名。

寻，却只见华枝春满，天心月圆，古卷如斯，千年文脉，经典咏传……

接下从曹操和刘备的出身、前期所处的环境、个人能力、对人才的运用、个人性格五个方面深入对比，特别挖掘了曹操敢说敢干的直爽和刘备虚伪的人格缺陷，有理有据地综合评判了二人的高下，是很成功的读书感悟。

《烽火散尽英雄梦》文笔唯美，酣畅淋漓，再现桃园结义情、横槊赋诗势，细描白帝托孤和诸葛仁义，该同学当时口若悬河，再加以手势语言，给报告会带来震撼和成功。

## 三、比较阅读，批判思维

部分同学，不仅熟读《三国演义》，而且以《三国志》记载为证据，两书对比，具备综合思维，这已是群书阅读的意识。

《三国演义》里对曹操是贬斥的、戏剧舞台上对他是白眼的；《三国演义》中的吕布反复无常，周瑜气量狭窄；但许多同学不囿于陈式，拥有批判思想，给他们以正确评价。

《屠龙少年—曹操》表达了对曹操由衷的敬意：没戴面具，直裸着人生，敢爱敢恨，有谋有智，定天下，真男人。这不是对曹操人格的重新确认吗？同样《英雄气，今犹存》说曹操真性情、真洒脱、真男人，而《谁是奸雄——刘备曹操人物形象分析》中，诟病刘备的厚颜，对贬损曹操深抱不平。

《英雄的挽歌》中评价了关羽的忠义与成个人英雄主义的误区；与诸葛亮比较，讲述了周瑜的多才与高卓；结合对吕布超越小说和《三国志》评价，认为吕布"为人性格直爽，不拘小节，颇得人心，有容人之量，又无割地称王之野心。"绝不是势利之人，这是一种批判的观点。最后回答了什么是英雄："何谓英雄？聪明秀出谓之'英'，胆力过人谓之'雄'。英雄者，有凌云之壮志，气吞山河之势，腹纳九州之量，包藏四海之胸襟……"此演讲很有力度。

《周瑜之死》评判了正史和演义中周瑜的差别，自觉实行比较分析法，分析了人物形象。《赵云其人若何》亦用比较法，介绍了三国正史中的赵云形象，把演义中的常胜将军从神坛拉向大地。

## 四、关注细微，发散思辨

《小人物，大时代》中选取高顺、王甫、臧洪、糜芳等平常人物在动荡时代的命运，劈开惯常的英雄之论，独辟蹊径介绍了《三国演义》柔细的一面。

《谈英雄》亦列举刘备、关羽、周瑜、诸葛亮、曹操五位英雄，暗示罗贯中笔者对人物评价的角度与立场。

《三国之司马懿》说明审时度势隐忍示弱而又冷酷残忍，是阴谋家取得政治投机的钥匙。

《道高一丈，魔高一尺》对比司马懿和诸葛亮出身不同而都受到良好教育，诸葛亮智谋高出司马懿，但被司马懿活活熬死，明确身体条件是取胜的根本。

《先生之风，山高水长》，题目有文学味，有象征性，全文赞美了诸葛亮鞠躬尽瘁兴汉扶刘的一生，为英雄可感可叹。

《我眼中的诸葛亮》结构形式不同以上报告，先总说背景、事迹，再重点评其是智慧的化身、忠诚的贤相，最后表达对其才能、品德的高高敬仰。

# 历史简略与文学浪漫

## ——《三国志》与《三国演义》比较

**写在前面的话：**

《三国演义》拥刘贬曹，站在正统立场，上演了一出刀光剑影的英雄大剧。《三国志》由于作者受黄皓迫害，经历曲折，对刘有一丝不满；并且魏资料多，蜀资料少，记魏三十卷，记蜀十五卷，记吴二十卷。比较看《三国志》公允、客观，为分析具有可靠性，笔者比较查阅了人民文学出版社的《三国演义》、中国文史出版的《三国演义》、南海出版公司的《三国演义》少儿版，线装书局陈寿著、陶新华译注的《三国志》。有关三国的书籍很多，比如《三国志》（裴松之注）、《英雄传》《江表传》等，为简洁起见，一律不采用，此为说明。

## 一、《魏书》有记

1. 何时中风谁奸雄

《魏书一》记载：太祖武皇帝，沛国谯人也，姓曹，讳操，字孟德，汉相国参之后。

太祖少机警，有权数，而任侠放荡，不治行业，故世人未之奇也；惟梁国桥玄、南阳何颙异焉。玄谓太祖曰："天下将乱，非命世之才不能济也，能安之者，其在君乎!"年二十，举孝廉为郎，除洛阳北部尉，迁顿丘令，征拜议郎。

《三国演义》里曹操装中风欺诈叔父，是为强调曹操从小十分奸诈的文学虚构，上面所引也是《三国演义》评曹操是"治世之能臣，乱世之奸雄"的来历。

2. 宝刀不献谁遇宫

《魏书一》记载：大将军何进与袁绍谋诛宦官，太后不听。进乃召董卓，欲以胁太后，卓未至而进见杀。卓到，废帝为弘农王而立献帝，京都大乱。卓表太祖为骁骑校尉，欲与计事。太祖乃变易姓名，间行东归。出关，过中牟，为亭长所疑，执诣县，邑中或窃识之，为请得解。卓遂杀太后及弘农王。太祖至陈留，散家财，合义兵，将以诛卓。冬十二月，始起兵于己吾，是岁中平六年也。

曹操献刀失败逃命又被陈宫所擒是《三国演义》的文学笔法，"宁教我负天下人，休教天下人负我"不见陈寿记载，就是杀吕伯奢一家这一事件其他资料也大有争议。

3. 推绍盟主另有人

《魏书一》记载：众各数万，推绍为盟主。所以推袁绍为盟主的不是曹操，或者他是参与者之一。

4. 玉玺非坚而所得

《魏书一》记载：绍又尝得一玉印，与太祖坐中举向其肘，太祖由是笑而恶焉。

而《三国演义》里写玉玺为孙坚所得，推动孙坚与刘表纷争等情节。

5. 貂蝉何施连环计

《魏书一》记载：夏四月，司徒王允与吕布共杀卓，卓将李催、郭汜等杀允攻布，布败，东出武关。

貂蝉何许人物，有无其人，资料对其也没定论，王允的美女

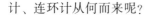

计、连环计从何而来呢？

6. 孙策求兵没押玺

《魏书一》记载：是岁，孙策受袁术使渡江，数年间遂有江东。

玉玺当时在袁绍手中，孙策用啥做抵押呢？

7. 掩面黄马蒙吕布

《魏书一》记载：青州兵（是曹操收服的三十万黄巾军的精锐）奔，太祖阵乱，驰突火出，坠马，烧左手掌……

《三国演义》里曹操为逃命掩住脸骗吕布的动作细节为演义笔法。

8. 阿瞒误娶张绣婶

《魏书一》记载：二年春正月，公到宛，张绣降，既而悔之，复反。公与战，军败，为流矢所中，长子昂、弟子安民遇害。

《魏书八》记载："太祖纳济妻，绣恨之。太祖闻其不悦，密有杀绣之计。计漏，绣掩袭太祖。太祖军败，儿子没。"

《三国志》的这些记载是曹操娶张绣婶娘的铁证，曹操因美人而损失子侄是事实，折典韦、哭祭典韦也是事实（详见后面）。

9. 两袁非吐血而死

《魏书一》记载：绍自军破，发病呕血，夏五月死。

《魏书六》记载：冀州城邑多叛，绍复击定之。自军败后发病，七年，忧死。

《魏书一》记载：会术病死。

《魏书六》记载：将归帝号于绍，欲至青州从袁谭，发病道死。

《三国志》的记载印证了曹操《蒿里行》里的"淮南弟称号，刻玺于北方"。但没说袁术死时和袁绍一样的吐血细节。

10. 备没种菜谁煮酒

《魏书一》记载：公曰："夫刘备，人杰也，必为后患。袁绍虽有大志，而见事迟，必不动也。"

《蜀书二》：是时曹公从容谓先主曰："今天下英雄，唯使君与操耳。本初之徒，不足数也。"先主方食，失匕箸。

这样看，曹操真认为天下英雄只有他本人和刘备，刘备大惊掉过汤匙与筷子，但没有以种菜隐藏大志显示笨拙。

11. 张辽无骂曹劝羽

《魏书一》记载：备走奔绍，获其妻子。备将关羽屯下邳，复进攻之，羽降。

《魏书十七》记载：张辽字文远，雁门马邑人也。本聂壹之后，以避怨变姓。少为郡吏。汉末，并州刺史丁原以辽武力过人，召为从事，使将兵诣京都。何进遣诣河北募兵，得千余人。还，进败，以兵属董卓。卓败，以兵属吕布，迁骑都尉。布为李傕所败，从布东奔徐州，领鲁相，时年二十八。太祖破吕布于下邳，辽将其众降，拜中郎将，赐爵关内侯。

大火不曾烧死国贼出自谁口？必然是罗贯中之口；羽保辽何处？土山劝羽何处？罗贯中的小说杜撰。

12. 羽斩颜良坚斩雄

《魏书一》记载：公乃引军兼行趣白马，未至十里，良大惊，来逆战。使张辽、关羽前登，击破，斩良。

《魏书一》记载：时骑不满五六百，遂纵兵击，大破之，斩丑。

关羽斩颜良是确定的，但谁斩文丑？未见文丑与张辽徐晃争斗，也未见赵云救公孙瓒与文丑大战。

《吴书一》记载：坚复相收兵，合战于阳人，大破卓军，枭其都督华雄等。

《三国演义》为凸显关羽的神勇与气概，用了张冠李戴法，并且加上袁绍慨叹颜良不在身边和温酒斩九尺华雄的细节。

13. 没走单骑何斩将

《魏书一》记载：公还军官渡。绍进保阳武。关羽亡归刘备。

《三国演义》里掩饰不住曹操的爱才，增添了曹操收买关羽的一系列做法和关二爷过五关斩六将千里走单骑的英雄壮举。

14. 策死人事非于吉

《魏书一》记载：孙策闻公与绍相持，乃谋袭许，未发，为刺客所杀。

孙策死于刺客有失英雄体面，《三国演义》用了魔幻笔法写年轻果敢的孙策死于斩神人于吉的错误。

15. 乌巢大火琼没醉

《魏书一》记载：琼等望见公兵少，出陈门外。公急击之，琼退保营，遂攻之。……

烧乌巢不见蒋奇踪影，淳于琼也没贪杯烂醉。

16. 郭图使害郃降操

《魏书一》记载：郃等闻琼破，遂来降。绍众大溃，绍及谭弃军走，渡河。

《魏书十七》记载：太祖与袁绍相拒于官渡，绍遣将淳于琼等督运屯乌巢，太祖自将急击之。郃说绍曰："曹公兵精，往必破琼等；琼等破，则将军事去矣，宜急引兵救之。"郭图曰："郃计非也。不如攻其本营，势必还，此为不救而自解也。"郃曰："曹公营固，攻之必不拔，若琼等见擒，吾属尽为虏矣。"绍但遣轻骑救琼，而以重兵攻太祖营，不能下。太祖果破琼等，绍军溃。图惭，又更谮郃曰："郃快军败，出言不逊。"郃惧，乃归太祖。

《三国志》记载了袁绍的不识人和内部的不团结，《三国演义》对其内部矛盾进行了艺术扩展。

17. 曹丕没娶尚娇妻

《魏书一》记载：冬十月，到黎阳，为子整（曹整）与谭结婚。

此处是说为曹整娶了袁谭的女儿，《三国演义》又是张冠李戴法写曹丕娶袁尚的妻子，突出了曹丕贪色的一面。

18. 康送首级非嘉谋

《魏书一》记载：及公破乌丸，或说公遂征之，尚兄弟可擒也。公曰："吾方使（公孙）康斩送尚、熙首，不烦兵矣。"

是曹操自己神算，非郭嘉献谋，《三国演义》里有此前郭嘉劝曹操出征三郡乌丸的进言，还有跪下诀别的场景。

19. 割须弃袍何其虚

《魏书一》记载：公急持之，而潜遣徐晃、朱令等夜渡蒲阪津。

《魏书一》记载：又和韩遂军前说"京都旧故，拊手大笑"，后给韩遂书，"多所点窜"。巧妙离间韩马，但马超没杀韩遂，"遂奔金城，为其将所杀"（见《魏书六》）。"公乃与克会战，先以轻兵挑之，战良久，乃纵虎骑夹击，大破之……"

《三国演义》在此处不但加上曹操割须弃袍的狼狈，而且写许褚裸体战马超的精彩场面。

20. 何人袭杀夏侯渊

《魏书一》记载：夏侯渊与刘备战于阳平，为备所杀。

《魏书九》记载：太祖还邺，留渊守汉中，即拜渊征西将军。二十三年，刘备军阳平关，渊率诸将拒之，相守连年。二十四年正月，备夜烧围鹿角。渊使张郃护东围，自将轻兵护南围。备挑郃战，郃军不利。渊分所将兵半助郃，为备所袭，渊遂战死。谥曰愍侯。

《蜀书二》记载：二十四年春，自阳平南渡沔水，缘山稍前，于定军兴势作营。渊将兵来争其地。先主命黄忠乘高鼓噪攻之，大破渊军，斩渊及曹公所署益州刺史赵颙等。

定军山一战刘备亲自指挥，黄忠斩杀夏侯渊，非法正之谋，取汉中为其之谋，《三国演义》对历史材料的张冠李戴比比皆是。

21. 水淹七军德何在

《魏书一》记载：遣于禁助曹仁击关羽。八月，汉水溢，灌禁军，羽获禁，虽围仁。使徐晃救之。

《魏书十七》记载：惟庞德不屈而死。

《魏书十八》记载：侯音、卫开等以宛叛，德将所领与曹仁共攻拔宛，斩音、开，遂南屯樊，讨关羽。樊下诸将以德兄在汉中，颇疑之。魏略曰：德从兄名柔，时在蜀。德常曰："我受国恩，义在效死。我欲身自击羽。今年我不杀羽，羽当杀我。"后亲与羽交战，射羽中额。时德常乘白马，羽军谓之白马将军，皆惮之。仁使德屯樊北十里，会天霖雨十余日，汉水暴溢，樊下平地五六丈，德与诸将避水上堤。羽乘船攻之，以大船四面射堤上。德被甲持弓，箭不虚发。将军董衡、部曲将董超等欲降，德皆收斩之。自平旦力战至日过中，羽攻益急，矢尽，短兵接战。德谓督将成何曰："吾闻良将不怯死以苟免，烈士不毁节以求生，今日，我死日也。"战益怒，气愈壮，而水浸盛，吏士皆降。德与麾下将一人，五伯二人，弯弓傅矢，乘小船欲还仁营。水盛船覆，失弓矢，独抱船覆水中，为羽所得，立而不跪。羽谓曰："卿兄在汉中，我欲以卿为将，不早降何为？"德骂羽曰："竖子，何谓降也！魏王带甲百万，威振天下。汝刘备庸才耳，岂能敌邪！我宁为国家鬼，不为贼将也。"遂为羽所杀。太祖闻而悲之，为之流涕，封其二子为列侯。

《三国志》里的确写出了庞德的勇猛与忠义，《三国演义》虚构了他带棺材与关羽大战百回合并被周仓水中擒获诸事。

22. 何人擒获关云长

《魏书一》记载：权击斩羽，传其首。

《吴书二》记载：关羽还当阳，西保麦城。权使诱之。羽伪降，立幡旗为象人于城上，因遁走，兵皆解散，尚十余骑。权先使朱然、潘璋断其径路。十二月，璋司马马忠获羽及其子平、都督赵累等于章乡，遂定荆州。

这是关羽主动突围，不是《三国演义》里东吴故意放一门让关羽带人走，后者明显降低了关羽的用兵才能。

23. 曹曾量小杀名士

《魏书十二》记载：初，太祖性急，有所不堪者，鲁国孔融、南阳许攸、娄圭，皆以恃旧不虔见诛。而琰最为世所痛惜，至今怨之。(琰指崔琰)

《魏书十九》记载：太祖既虑始终有变，以杨修颇有才策，而又袁氏之甥也，于是以罪诛修。

《魏书二十九》记载：佗临死，出一卷书与狱吏，曰："此可以活人。"吏畏法不受，佗亦不强，索火烧之。

曹操爱才，但杀了几位名士，这是他的败笔，透露了性格残忍的一面。只不过曹操杀杨修，不是因杨修耍小聪明透露军机，而是因杨修的才干和出身。

24. 英雄故事剩多少

割发代身、诱杀王垕（史无其人）、梦中杀人、借刀杀士（借黄祖杀祢衡）、低看张松、横槊赋诗、（赤壁败后）没哭没笑（《魏书十四》可证：后太祖征荆州还，于巴丘遇疾疫，烧船，叹曰："郭奉孝在，不使孤至此。"）、怕关羽首、剑砍老梨，等等，没有记录，不过常流英雄泪的是曹操，绝非刘备。曹操赤壁大战失败，命令烧掉船只，引兵北去，并不是船被孙刘烧光。

25. 街亭失守谁之错

《魏书三》记载：蜀大将诸葛亮寇边，天水、陇西、安定三郡吏民叛应亮。遣大将军曹真都督关右，并进兵。

《魏书三》记载：右将军张郃击亮于街亭，大破之。亮败走，三郡平。

《魏书九》记载：诸葛亮围祁山，南安、天水、安定三郡反应亮。帝遣真督诸军军郿，遣张郃击亮将马谡，大破之。

《魏书十七》记载：诸葛亮出祁山。加郃位特进，遣督诸军，拒亮将马谡于街亭。谡依阻南山，不下据城。郃绝其汲道，击，大破之。南安、天水、安定郡反应亮，郃皆破平之。

郃识变数，善处营陈，料战势地形，无不如计，自诸葛亮皆惮之。……

诸葛亮复出祁山，诏郃督诸将西至略阳，亮还保祁山，郃追至木门，与亮军交战，飞矢中郃右膝，薨，谥曰壮侯。

《蜀书五》记载：魏明帝西镇长安，命张郃拒亮，亮使马谡督诸军在前，与郃战于街亭。谡违亮节度，举动失宜，大为张郃所破。亮拔西县千余家，还于汉中，戮谡以谢众。

明显可看出失街亭的是马谡，破马谡的是张郃，不是司马懿。

26. 朗非阵前死于骂

《魏书三》记载：十一月，司徒王朗薨。

《魏书十三》记载：郎著《易》《春秋》《孝经》《周官》传，奏议论记，咸传于世。太和二年薨，谥曰成侯。

《三国演义》写诸葛亮军前骂王朗情节的确精彩，极大的突出了诸葛亮的口才与性格，但这是演义。

27. 曹真何能被气死

《魏书三》记载：三月，大司马曹真薨。

曹真很有本事，是曹魏的顶级人物，如果像演义中被气死，英雄本色从何而来？

28. 思王豆泣为何事

《魏书三》记载：庚寅，陈思王植薨。

文帝明帝两纪和曹植传记没见兄弟手足相残的七步之压迫。

《魏书十六》记载：初，（苏）则及临淄侯植闻魏氏代汉，皆发服悲哭，文帝闻植如此，而不闻则也。

此说明，曹植太任性，具有诗人气质，曹丕也没有演义里的那么冷血。

29. 装病示弱谋大权

《魏书九》记载：宣王称疾困笃，示以羸形。胜不能觉，谓之信然。

十年正月，车驾朝高平陵，爽兄弟皆从。宣王部勒兵马，先据武库，遂出屯洛水浮桥。

《魏书四》记载：嘉平元年春正月甲午，车驾谒高平陵。太傅司马宣王奏免大将军曹爽、爽弟中领军羲、武卫将军训、散骑常侍彦官，以侯就第。

司马懿的谋略和示弱是确信的，也可看出曹氏集团的飞扬跋扈与短视无能。

30. 司马师死为何病

《魏书四》记载：司马景王薨于许昌。演义里写司马师死于脸上肉瘤术后。

31. 钟会反叛缘姜维

《魏书四》记载：是月，钟会反于蜀，为众所讨；邓艾亦见杀。

32. 董卓其人若演义

《魏书六》记载：董卓字仲颖，陇西临洮人也。少好侠，尝游羌中，尽与诸豪帅相结。

卓有才武，旅力少比，双带两鞬，左右驰射。为军司马，从中郎将张奂征并州有功，拜郎中，赐缣九千匹，卓悉以分与吏士。

卓既率精兵来，适值帝室大乱，得专废立，据有武库甲兵，国家珍宝，威震天下。卓性残忍不仁，遂以严刑胁众，睚眦之隙必报，人不自保。

初平元年二月，乃徙天子都长安。焚烧洛阳宫室，悉发掘陵墓，取宝物。

公卿见卓，谒拜车下，卓不为礼。召呼三台尚书以下自诣卓府启事。筑郿坞，高与长安城埒，积谷为三十年储，云事成，雄据天下，不成，守此足以毕老。尝至郿行坞，公卿已下祖道于横门外。卓豫施帐幔饮，诱降北地反者数百人，于坐中先断其舌，或斩手足，或凿眼，或镬煮之，未死，偃转杯案间，会者皆战栗亡失匕箸，而卓饮食自若。

法令苛酷，爱憎淫刑，更相被诬，冤死者千数。百姓嗷嗷，道路以目。

董卓的凶猛与残忍，历史记录和小说描写很像，他死后天有"报应"："葬卓于郿，大风暴雨震卓墓，水流入藏，漂其棺椁。"（《魏书六》）

### 33. 李肃哪能骗董卓

《魏书六》记载：三年四月，司徒王允、尚书仆射士孙瑞、卓将吕布共谋诛卓。是时，天子有疾新愈，大会未央殿。布使同郡骑都尉李肃等，将亲兵十余人，伪着卫士服守掖门。布怀诏书。卓至，肃等格卓。卓惊呼："布所在？"布曰"有诏"，遂杀卓，夷三族。主簿田景前趋卓尸，布又杀之；凡所杀三人，余莫敢动，长安士庶咸相庆贺，诸阿附卓者皆下狱死。

历史里董卓被杀讲得很简洁，演义里把谋划杀董卓写得很曲折，尤其是李肃瞒哄董卓的过程。

34. 绍卓没有拔刀向

《魏书六》记载：董卓呼绍，议欲废帝，立陈留王。是时绍叔父隗为太傅，绍伪许之，曰："此大事，出当与太傅议。"卓曰："刘氏种不足复遗。"绍不应，横刀长揖而去。绍既出，遂亡奔冀州。

演义里把袁绍刻画得硬气了，他敢向董卓拔刀，董卓是草莽枭雄，武力远胜袁绍，袁绍和他不是一个级别，怎么敢拔刀呢？

35. 沮授非拒降被杀

《魏书六》记载：沮授不及绍渡，为人所执，诣太祖，太祖厚待之。后谋还袁氏，见杀。

演义里沮授大义凛然，铁骨铮铮，显然是不同历史的艺术加工。

36. 刘琦抽梯求诸葛

《魏书六》记载：初，表及妻爱少子琮，欲以为后，而蔡瑁、张允为之支党，乃出长子琦为江夏太守，众遂奉琮为嗣。

《蜀书五》记载：刘表长子琦，亦深器亮。表受后妻之言，爱少子琮，不悦于琦。琦每欲与亮谋自安之术，亮辄拒塞，未与处画。琦乃将亮游观后园，共上高楼，饮宴之间，令人去梯，因谓亮曰："今日上不至天，下不至地，言出子口，入于吾耳，可以言不？"亮答曰："君不见申生在内而危，重耳在外而安乎？"琦意感悟，阴规出计。会黄祖死，得出，遂为江夏太守。

刘琦问计，与演义相同，这种笔法很少。

37. 反复无常二家奴

《魏书七》记载：吕布字奉先，五原郡九原人也。以骁武给并州。刺史丁原为骑都尉，屯河内，以布为主簿，大见亲待。灵帝崩，原将兵诣洛阳。与何进谋诛诸黄门，拜执金吾。进败，董卓入京都，将为乱，欲杀原，并其兵众。卓以布见信于原，诱布令杀原。布斩原首诣卓，卓以布为骑都尉，甚爱信之，誓为父子。布便弓马，膂力过人，号为飞将。稍迁至中郎将，封都亭侯。卓自以遇人无礼，恐人谋己，行止常以布自卫。然卓性刚而褊，忿不思难，尝小失意，拔手戟掷布。布拳捷避之，为卓顾谢，卓意亦解。由是阴怨卓。卓常使布守中阁，布与卓侍婢私通，恐事发觉，心不自安。

先是，司徒王允以布州里壮健，厚接纳之。后布诣允，陈卓几见杀状。时允与仆射士孙瑞密谋诛卓，是以告布使为内应。布曰："奈如父子何！"允曰："君自姓吕，本非骨肉。今忧死不暇，何谓父子？"布遂许之，手刃刺卓。

吕布非丁原义子，演义里加了李肃劝降的情节，吕布充其量是吕家董家的二家子而已。

## 38. 辕门射戟来息战

《魏书七》记载：术遣将纪灵等步骑三万攻备，备求救于布。布诸将谓布曰："将军常欲杀备，今可假手于术。"布曰："不然。术若破备，则北连太山诸将，吾为在术围中，不得不救也。"便严步兵千、骑二百，驰往赴备。灵等闻布至，皆敛兵不敢复攻。布于沛西南一里安屯，遣铃下请灵等，灵等亦请布共饮食。布谓灵等曰："玄德，布弟也。弟为诸君所困，故来救之。布性不喜合斗，但喜解斗耳。"布令门候于营门中举一只戟，布言："诸君观布射戟小支，一发中者诸君当解去，不中可留决斗。"布举弓射戟，正中小支。诸将皆惊，言"将军天威也"！明日复欢会，然后各罢。

演义里说射戟距离一百五十步远，突出了吕布三国第一武将的形象。

### 39. 是谁缚虎白门楼

《魏书七》记载：布遣人求救于术，（术）自将千余骑出战，败走，还保城，不敢出。术亦不能救。布虽骁猛，然无谋而多猜忌，不能制御其党，但信诸将。诸将各异意自疑，故每战多败。太祖堑围之三月，上下离心，其将侯成、宋宪、魏续缚陈宫，将其众降。布与其麾下登白门楼。兵围急，乃下降。遂生缚布，布曰："缚太急，小缓之。"太祖曰："缚虎不得不急也。"布请曰："明公所患不过于布，今已服矣，天下不足忧。明公将步，令布将骑，则天下不足定也。"太祖有疑色。刘备进曰："明公不见布之事丁建阳及董太师乎！"太祖颔之。布因指备曰："是儿最叵信者。"于是缢杀布。

演义里侯成、宋宪、魏续三将缚的是陈宫，不是吕布，吕布是先降后被缚，他后来因谋反而被杀。

### 40. 曹操不曾泪送宫

《魏书七》记载：兴平元年，太祖复征谦，邈弟超，与太祖将陈宫、从事中郎许汜、王楷共谋叛太祖。

布与宫、顺等皆枭首送许，然后葬之。

这和演义差别很大，演义里陈宫大骂吕布怕死，他和吕布死在被擒之日，并且曹操劝降未果含泪送别他，陈宫死得很悲壮。

### 41. 未啖眼睛谁杀性

《魏书七》记载：（夏侯惇）年十四，就师学，人有辱其师者，惇杀之，由是以烈气闻。

太祖自徐州还，惇从征吕布，为流矢所中，伤左目。

夏侯惇骁勇、眼睛受伤是事实，但他没有像演义里写的先拔出眼睛吃掉，再刺死曹性。试想眼睛被射已经疼痛入骨，再拔掉肉体谁能扛住？这是文学笔法塑造人物性格的需要。

### 42. 曹公四胜非十胜

《魏书十》记载：或曰："古之成败者，诚有其才，虽弱必强，苟非其人，虽强易弱，刘、项之存亡，足以观矣。今与公争天下者，唯袁绍尔。绍貌外宽而内忌，任人而疑其心；公明达不拘，唯才所宜，此度胜也。绍迟重少决，失在后机；公能断大事，应变无方，此谋胜也。绍御军宽缓，法令不立，士卒虽众，其实难用；公法令既明，赏罚必行，士卒虽寡，皆争致死，此武胜也。绍凭世资，从容饰智，以收名誉，故士之寡能好问者多归之；公以至仁待人，推诚心不为虚美，行己谨俭，而与有功者无所吝惜，故天下忠正效实之士咸愿为用，此德胜也。夫以四胜辅天子，扶义征伐，谁敢不从？绍之强其何能为！"

诩曰："公明胜绍，勇胜绍，用人胜绍，决机胜绍，由此四胜而半年不定者，但顾万全故也。必决其机，须臾可定也。"

荀彧、贾诩两位谋士评价曹操的优点相近，合起来是八胜，演义里扩展到十胜，贬曹的罗贯中还是忍不住对曹操进行赞美，曹操的确英雄一个。

### 43. 舌战群儒何处寻

《魏书十》记载：太祖征荆州，刘备奔吴。论者以为孙权必杀备，昱料之曰："孙权新在位，未为海内所惮。曹公无敌于天下，初举荆州，威震江表，权虽有谋，不能独当也。刘备有英名，关羽、张飞皆万人敌也，权必资之以御我。难解势分，备资以成，又不可得而杀也。"权果多与备兵，以御太祖。

《蜀书五》记载：先主至于夏口，亮曰："事急矣，请奉命求救于孙将军。"时权拥军在柴桑，观望成败，亮说权曰："海内大乱，将军起兵据有江东，刘豫州亦收众汉南，与曹操并争天下。今操芟夷大难，略已平矣，遂破荆州，威震四海。英雄无所用武，故豫州遁逃至此。将军量力而处之：若能以吴、越之众与中国抗衡，不如早与之绝；若不能当，何不案兵束甲，北面而事之！今将军外托服从之名，而内怀犹豫之计，事急而不断，祸至无日矣！"权曰："苟如君言，刘豫州何不遂事之乎？"亮曰："田横，齐之壮士耳，犹守义不辱，况刘豫州王室之胄，英才盖世，众士仰慕，若水之归海，若事之不济，此乃天也，安能复为之下乎！"权勃然曰："吾不能举全吴之地，十万之众，受制于人。吾计决矣！非刘豫州莫可以当曹操者，然豫州新败之后，安能抗此难乎？"亮曰："豫州军虽败于长坂，今战士还者及关羽水军精甲万人，刘琦合江夏战士亦不下万人。曹操之众，远来疲弊，闻追豫州，轻骑一日一夜行三百余里，此所谓'强弩之末，势不能穿鲁缟'者也。故兵法忌之，曰'必蹶上将军'。且北方之人，不习水战；又荆州之民附操者，逼兵势耳，非心服也。今将军诚能命猛将统兵数万，与豫州协规同力，破操军必矣。操军破，必北还，如此则荆、吴之势强，鼎足之形成矣。成败之机，在于今日。"权大悦，即遣周瑜、程普、鲁肃等水军三万，随亮诣先主，并力拒曹公。

刘备真丈夫也，先后奔曹奔袁奔表奔孙，意志坚定。大难之际，诸葛亮一次就说服了孙权，演义里加了舌战群儒的精彩，让诸葛亮的形象十分闪光。

44. 博望诸葛初试火

《魏书十八》记载：刘表使刘备北侵，至叶，太祖遣典从夏侯惇拒之。备一旦烧屯去，惇率诸军追击之，典曰："贼无故退，疑必有伏。南道狭窄，草木深，不可追也。"惇不听，与于禁追之，典留守。惇等果入贼伏里，战不利，典往救，备望见救至，乃散退。

这是演义里诸葛亮出山放第一把火的原型。

45. 魏三虎八面威风

《魏书十八》记载：许褚字仲康，谯国谯人也。长八尺余，腰大十围，容貌雄毅，勇力绝人。汉末，聚少年及宗族数千家，共坚壁以御寇。时汝南葛陂贼万余人攻褚壁，褚众少不敌，力战疲极。兵矢尽，乃令壁中男女，聚治石如杆斗者置四隅。褚飞石掷之，所值皆摧碎。贼不敢进。粮乏，伪与贼和，以牛与贼易食，贼来取牛，牛辄奔还。褚乃出陈前，一手逆曳牛尾，行百余步。贼众惊，遂不敢取牛而走。由是淮、汝、陈、梁间，闻皆畏惮之。

典韦，陈留己吾人也。形貌魁梧，膂力过人，有志节任侠。襄邑刘氏与睢阳李永为雠，韦为报之。永故富春长，备卫甚谨。韦乘车载鸡酒，伪为候者，门开，怀匕首入杀永，并杀其妻，徐出，取车上刀戟，步（出）。永居近市，一市尽骇。追者数百，莫敢近。行四五里，遇其伴，转战得脱。由是为豪杰所识。初平中，张邈举义兵，韦为士，属司马赵宠。牙门旗长大，人莫能胜，韦一手建之，宠异其才力。

太祖征荆州，至宛，张绣迎降。太祖甚悦，延绣及其将帅，置酒高会。太祖行酒，韦持大斧立后，刃径尺，太祖所至之前，韦辄举斧目之。竟酒，绣及其将帅莫敢仰视。后十余日，绣反，袭太祖营，太祖出战不利，轻骑引去。韦战于门中，贼不得入。兵遂散从他门并入。时韦校尚有十余人，皆殊死战，无不一当十。贼前后至稍多，韦以长戟左右击之，一叉入，辄十余矛摧。左右死伤者略尽。韦被数十创，短兵接战，贼前搏之。韦双挟两贼击杀之，余贼不敢前。韦复前突贼，杀数人，创重发，瞋目大骂而死。贼乃敢前，取其头，传观之，覆军就视其躯。太祖退住舞阴，闻韦死，为流涕，募间取其丧，亲自临哭之，遣归葬襄邑，拜子满为郎中。车驾每过，常祠以中牢。

《魏书十九》记载：任城威王彰，字子文。少善射御，膂力过人，手格猛兽，不避险阻。数从征伐，志意慷慨。太祖尝抑之曰：

"汝不念读书慕圣道，而好乘汗马击剑，此一夫之用，何足贵也！"课彰读诗、书，彰谓左右曰："丈夫一为卫、霍，将十万骑驰沙漠，驱戎狄，立功建号耳，何能作博士邪？"太祖尝问诸子所好，使各言其志。彰曰："好为将。"太祖曰："为将奈何？"对曰："被坚执锐，临难不顾，为士卒先；赏必行，罚必信。"太祖大笑。

演义里军中叫许褚为虎痴，曹操呼曹彰为虎儿，史书里这三人的确是三只虎，只不过典韦没有驱虎过溪，也未与许褚交战一天。

## 二、《蜀书》有记

### 1. 刘备其人真贵相

《蜀书二》记载：先主少孤，与母贩履织席为业。舍东南角篱上有桑树生高五丈余，遥望见童童如小车盖，往来者皆怪此树非凡，或谓当出贵人。先主少时，与宗中诸小儿于树下戏，言："吾必当乘此羽葆盖车。"叔父子敬谓曰："汝勿妄语，灭吾门也！"年十五，母使行学，与同宗刘德然、辽西公孙瓒俱事故九江太守同郡卢植。德然父元起常资给先主与德然等。元起妻曰："各自一家，何能常尔邪！"起曰："吾宗中有此儿，非常人也。"而瓒深与先主相友。瓒年长，先主以兄事之。先主不甚乐读书，喜狗马、音乐、美衣服。身长七尺五寸，垂手下膝，顾自见其耳。少语言，善下人，喜怒不形于色。好交结豪侠，年少争附之。中山大商张世平、苏双等赀累千金，贩马周旋于涿郡，见而异之，乃多与之金财。先主由是得用合徒众。

刘备身高、大耳、长手、性格和《三国志》记载基本一致，这种非虚构性很少。

### 2. 谁说张飞鞭督邮

《蜀书二》记载：督邮以公事到县，先主求谒，不通，直入缚督邮，杖二百，解绶系其颈着马柳，弃官亡命。

演义里刘备是柔性格，难想到有张飞式火爆的一面。

3. 三劝先主领徐州

《魏书一》记载：陶谦死，刘备代之。

《蜀书二》记载：谦病笃，谓别驾麋竺曰："非刘备不能安此州也。"谦死，竺率州人迎先主，先主未敢当。下邳陈登谓先主曰："今汉室陵迟，海内倾覆，立功立事，在于今日。彼州殷富，户口百万，欲屈使君抚临州事。"先主曰："袁公路近在寿春，此君四世五公，海内所归，君可以州与之。"登曰："公路骄豪，非治乱之主。今欲为使君合步骑十万，上可以匡主济民，成五霸之业，下可以割地守境，书功于竹帛。若使君不见听许，登亦未敢听使君也。"北海相孔融谓先主曰："袁公路岂忧国忘家者邪？冢中枯骨，何足介意。今日之事，百姓与能，天与不取，悔不可追。"先主遂领徐州。

陶谦确实害死了曹嵩，刘备没三让徐州，"冢中枯骨"亦非曹操评袁术。

4. 曹公与备情相厚

《蜀书二》记载：曹公厚遇之，以为豫州牧。将至沛收散卒，给其军粮，益与兵使东击布。布遣高顺攻之，曹公遣夏侯惇往，不能救，为顺所败，复虏先主妻子送布。曹公自出东征，助先主围布于下邳，生禽布。先主复得妻子，从曹公还许。表先主为左将军，礼之愈重，出则同舆，坐则同席。袁术欲经徐州北就袁绍，曹公遣先主督朱灵、路招要击术。未至，术病死。

曹操心中的英雄只有刘备，他对刘备很好，这是曹操心胸宽阔的表现。

5. 刘备携民日十里

《蜀书二》记载：曹公南征表，会表卒，子琮代立，遣使请降。先主屯樊，不知曹公卒至，至宛乃闻之，遂将其众去。过襄阳，诸葛亮说先主攻琮，荆州可有。先主曰："吾不忍也。"乃驻马呼琮，琮惧不能起。琮左右及荆州人多归先主。比到当阳，众十余万，辎重数千两，日行十余里，别遣关羽乘船数百艘，使会江陵。或谓先主曰："宜速行保江陵，今虽拥大众，被甲者少，若曹公兵至，何以拒之？"先主曰："夫济大事必以人为本，今人归吾，吾何忍弃去！"

6. 七出七进知何在

《蜀书二》记载：曹公以江陵有军实，恐先主据之，乃释辎重，轻军到襄阳。闻先主已过，曹公将精骑五千急追之，一日一夜行三百余里，及于当阳之长坂。先主弃妻子，与诸葛亮、张飞、赵云等数十骑走，曹公大获其人众辎重。

《蜀书六》记载：及先主为曹公所追于当阳长阪，弃妻子南走，云身抱弱子，即后主也，保护甘夫人，即后主母也，皆得免难。

赵云没有斗杀曹操五十八员大将的记录，也没后来单骑夺阿斗之事。

7. 刘备何曾杀糜芳

《蜀书八》记载：芳为南郡太守，与关羽共事，而私好携贰，叛迎孙权，羽因覆败。竺面缚请罪，先主慰谕以兄弟罪不相及，崇待如初。竺惭恚发病，岁余卒。

关羽荆州失败的重要原因是内部不团结，与演义出入很大。

8. 三顾茅庐有几字

《蜀书五》记载：时先主屯新野。徐庶见先主，先主器之，谓先主曰："诸葛孔明者，卧龙也，将军岂愿见之乎？"先主曰："君与俱来。"庶曰："此人可就见，不可屈致也。将军宜枉驾顾之。"由是先主遂诣亮，凡三往，乃见。

演义写三顾茅庐洋洋洒洒几千言，是文学的经典片段。

9. 何处走马荐诸葛

《蜀书五》记载：俄而表卒，琮闻曹公来征，遣使请降。先主在樊闻之，率其众南行，亮与徐庶并从，为曹公所追破，获庶母。庶辞先主而指其心曰："本欲与将军共图霸之业者，以此方寸之地也。今已失老母，方寸乱矣，无益于事，请从此别。"遂诣曹公。

演义里的单福是谁没提及，徐庶走马荐诸葛更是艺术夸张。

10. 诸葛挥泪斩马谡

《蜀书五》记载：良弟谡，字幼常，以荆州从事随先主入蜀，除绵竹成都令、越隽太守。才器过人，好论军计，丞相诸葛亮深加器异。先主临薨谓亮曰："马谡言过其实，不可大用，君其察之！"亮犹谓不然，以谡为参军，每引见谈论，自昼达夜。

《蜀书九》记载：建兴六年，亮出军向祁山，时有宿将魏延、吴壹等，论者皆言以为宜令为先锋，而亮违众拔谡，统大众在前，与魏将张郃战于街亭，为郃所破，士卒离散。亮进无所据，退军还汉中。谡下狱物故，亮为之流涕。良死时年三十六，谡年三十九。

诸葛挥泪斩马谡真有其事，但七擒孟获不见记。

11. 秋风原野奇才去

《蜀书五》记载：九年，亮复出祁山，以木牛运，粮尽退军，与魏将张郃交战，射杀郃。十二年春，亮悉大众由斜谷出，以流马运，据武功五丈原，与司马宣王对于渭南。亮每患粮不继，使己志不申，是以分兵屯田，为久驻之基。耕者杂于渭滨居民之间，而百姓安堵，军无私焉。相持百余日。其年八月，亮疾病，卒于军，时年五十四。及军退，宣王案行其营垒处所，曰："天下奇才也！"

"出师未捷身先死，长使英雄泪满襟"，秋风五丈原，一代将星陨落！

12. 薄田桑树身后名

《蜀书五》记载：初，亮自表后主曰："成都有桑八百株，薄田十五顷，子弟衣食，自有余饶。至于臣在外任，无别调度，随身衣食，悉仰于官，不别治生，以长尺寸。若臣死之日，不使内有余帛，外有赢财，以负陛下。"及卒，如其所言。

鞠躬尽瘁，死而后已，诸葛精神感天地！

草船借箭、坛祭东风、三次被害、三气周瑜、江东吊孝、空守西城、火烧司马、智杀魏延，皆不见记载。

13. 伯约血战非自杀

《魏书二十八》记载：姜维率会左右战，手杀五六人，众既格斩维，争赴杀会。会时年四十，将士死者数百人。

演义里写姜维胆如鸡蛋大，无疑是胆结石。

14. 桃园结义想象情

《蜀书六》记载：先主于乡里合徒众，而羽与张飞为之御侮。先主为平原相，以羽、飞为别部司马，分统部曲。先主与二人寝则同床，恩若兄弟。而稠人广坐，侍立终日，随先主周旋，不避艰险。

刘关张三人关系确乎非同一般，但桃园结义是罗贯中的创造，也无有三英战吕布的震撼场景。

15. 谁给铁汉来刮骨

《蜀书六》记载：羽尝为流矢所中，贯其左臂，后创虽愈，每至阴雨，骨常疼痛，医曰："矢镞有毒，毒入于骨，当破臂作创，刮骨去毒，然后此患乃除耳。"羽便伸臂令医劈之。时羽适请诸将饮食相对，臂血流离，盈于盘器，而羽割炙引酒，言笑自若。

刮骨疗毒，英雄本色，但医生是谁呢？没说是华佗。

16. 单刀赴会显英豪

《吴书九》记载：先是，益州牧刘璋纲维颓弛，周瑜、甘宁并劝权取蜀，权以咨备，备内欲自规，乃伪报曰："备与璋托为宗室，冀凭英灵，以匡汉朝。今璋得罪左右，备独竦惧，非所敢闻，愿加宽贷。若不获请，备当放发归于山林。"后备西图璋，留关羽守，权曰："猾虏乃敢挟诈！"及羽与肃邻界，数生狐疑，疆场纷错，肃常以欢好抚之。备既定益州，权求长沙、零、桂，备不承旨，权遣吕蒙率众进取。备闻，自还公安，遣羽争三郡。肃住益阳，与羽相拒。肃邀羽相见，各驻兵马百步上，但请将军单刀俱会。肃因责数羽曰："国家区区本以土地借卿家者，卿家军败远来，无以为资故也。今已得益州，既无奉还之意，但求三郡，又不从命。"语未究竟，坐有一人曰："夫土地者，惟德所在耳，何常之有！"肃厉声呵之，辞色甚切。羽操刀起谓曰："此自国家事，是人何知！"目使之去。

大丈夫不变本色，关二爷真武圣也。

17. 长坂桥上敌胆寒

《蜀书六》记载：表卒，曹公入荆州，先主奔江南。曹公追之，一日一夜，及于当阳之长阪。先主闻曹公卒至，弃妻子走，使飞将二十骑拒后。飞据水断桥，瞋目横矛曰："身是张翼德也，可来共决死！"敌皆无敢近者，故遂得免。

张飞长坂坡拒敌是存在，只不过没有夜战锦马超的震撼。

18. 义释严颜取巴蜀

《蜀书六》记载：先主入益州，还攻刘璋，飞与诸葛亮等溯流而上，分定郡县。至江州，破璋将巴郡太守严颜，生获颜。飞呵颜曰："大军至，何以不降而敢拒战？"颜答曰："卿等无状，侵夺我州，我州但有断头将军，无有降将军也。"飞怒，令左右牵去斫头，颜色不变，曰："斫头便斫头，何为怒邪！"飞壮而释之，引为宾客。

英雄相惜，严颜和张飞一样威武。

19. 进退无路马超降

《蜀书六》记载：杨阜说曹公曰："超有信、布之勇，甚得羌、胡心。若大军还，不严为其备，陇上诸郡非国家之有也。"超果率诸戎以击陇上郡县，陇上郡县皆应之，杀凉州刺史韦康，据冀城，有其众。超自称征西将军，领并州牧，督凉州军事。康故吏民杨阜、姜叙、梁宽、赵衢等，合谋击超。阜、叙起于卤城，超出攻之，不能下；宽、衢闭冀城门，超不得入。进退狼狈，乃奔汉中依张鲁。鲁不足与计事，内怀于邑，闻先主围刘璋于成都，密书请降。

不是诸葛纵反间逼马超来降，演义拔高了诸葛亮的智慧。

20. 黄忠非死于马忠

《蜀书六》记载：建安二十四年，于汉中定军山击夏侯渊。渊众甚精，忠推锋必进，劝率士卒，金鼓振天，欢声动谷，一战斩渊，渊军大败。迁征西将军。是岁，先主为汉中王，欲用忠为后将军，诸葛亮说先主曰："忠之名望，素非关、马之伦也。而今便令同列。马、张在近，亲见其功，尚可喻指。关遥闻之，恐必不悦，得无不可乎！"先主曰："吾自当解之。"遂与羽等齐位，赐爵关内侯。明年卒，追谥刚侯。

老英雄不是夷陵大战被马忠射伤而亡，也不见与关公大战相惜之事。

21. 赵云非常胜将军

《蜀书六》记载：五年，随诸葛亮驻汉中。明年，亮出军，扬声由斜谷道，曹真遣大众当之。亮令云与邓芝往拒，而身攻祁山。云、芝兵弱敌强，失利于箕谷，然敛众固守，不至大败。军退，贬为镇军将军。

没记载刺高览于马下，同没有说张飞刺纪灵于马下一样。

22. 荆州非借何必还

《蜀书七》记载：吴将周瑜助先主取荆州，因领南郡太守。瑜卒，统送丧至吴，吴人多闻其名。

《吴书十》记载：权分荆州与刘备，普复还领江夏，迁荡寇将军，卒。

荆州根本没借，何谈归还？演义放大了关羽骄傲的一面，对英雄是降分。

23. 雒县不是落凤坡

《蜀书七》记载：进围雒县，统率众攻战，为流矢所中，卒，时年三十六。先主痛惜，言则流涕。拜统父为议郎，迁谏议大夫，诸葛亮亲为之拜。

落凤坡，是演义的杜撰，庞统被射死是实事。

24. 姜维非败于诸葛

《蜀书十四》记载：建兴六年，丞相诸葛亮军向祁山，时天水太守适出案行。维及功曹梁绪、主簿尹赏、主记梁虔等从行。太守闻蜀军垂至而诸县响应，疑维等皆有异心，于是夜亡保上邽。维等觉太守去，追迟，至城门，城门已闭，不纳。维等相率还冀，冀亦不入维。维等乃俱诣诸葛亮。

演义里收姜维也是凸显孔明的军事才能，塑造人物的需要。

25. 遇佞君昏奈若何

《蜀书十四》记载：六年，维表后主："闻钟会治兵关中，欲规进取，宜并遣张翼、廖化诣督堵军分护阳安关口、阴平桥头，以防未然。"皓征信鬼巫，谓故终不自致。启后主寝其事，而群臣不知。

刘禅昏庸，黄皓专权，蜀国灭亡的重要因素。

## 三、《吴书》有记

### 1. 少年勇猛有大智

《吴书一》记载：孙坚字文台，吴郡富春人，盖孙武之后也。少为县吏。年十七，与父共载船至钱唐，会海贼胡玉等从匏里上掠取贾人财物，方于岸上分之，行旅皆住，船不敢进。坚谓父曰："此贼可击，请讨之。"父曰："非尔所图也。"坚行操刀上岸，以手东西指麾，若分部人兵以罗遮贼状。贼望见，以为官兵捕之，即委财物散走。坚追，斩得一级以还；父大惊。

自古英雄出少年，孙坚少年英雄。

### 2. 单骑独行遭箭射

《魏书六》记载：袁术之在南阳也，与孙坚合从，欲袭夺表州，使坚攻表。坚为流矢所中死，军败，术遂不能胜表。

《吴书一》记载：初平三年，术使坚征荆州，击刘表。表遣黄祖逆于樊、邓之间。坚击破之，追渡汉水，遂围襄阳，单马行岘山，为祖军士所射杀。

孙坚非中计出城追人被射而亡，孙坚孙策父子恃勇独行被杀，一样的命数。孙策也未同太史慈交手大战。

### 3. 碧眼紫须非孙权

《吴书二》记载：刘琬语人曰："吾观孙氏兄弟虽各才秀明达，然皆禄祚不终，惟中弟孝廉，形貌奇伟，骨体不恒，有大贵之表，年又最寿，尔试识之。"

碧眼紫须的肖像是演义笔法，也是惯常的魔幻写法，《史记》里写项羽、刘邦就如此，是为突出名人的不同寻常，对其有神话色彩。

### 4. 孙郎射虎胆气豪

《吴书二》记载：二十三年十月，权将如吴，亲乘马射虎于庱亭。马为虎所伤，权投以双戟，虎却废，常从张世击以戈，获之。

《吴书七》记载：权每田猎，常乘马射虎，虎常突前攀持马鞍。昭变色而前曰："将军何有当尔？夫为人君者，谓能驾御英雄，驱使群贤，岂谓驰逐于原野，校勇于猛兽者乎？如有一旦之患，奈天下笑何？"权谢昭曰："年少虑事不远，以此惭君。"然犹不能已，乃作射虎车，为方目，间不置盖，一人为御，自于中射之。时有逸群之兽，辄复犯车，而权每手击以为乐。昭虽谏争，常笑而不答。

"生子当如孙仲谋"，孙权勇武胜孙策，很像孙坚。

5. 苦肉连环皆杜撰

《吴书九》记载：时刘备为曹公所破，欲引南渡江，与鲁肃遇于当阳，遂共图计，因进住夏口，遣诸葛亮诣权，权遂遣瑜及程普等与备并力逆曹公，遇于赤壁。时曹公军众已有疾病，初一交战，公军败退，引次江北。瑜等在南岸。瑜部将黄盖曰："今寇众我寡，难与持久。然观操军船舰首尾相接，可烧而走也。"乃取蒙冲斗舰数十艘，实以薪草，膏油灌其中，裹以帷幕，上建牙旗，先书报曹公，欺以欲降。又豫备走舸，各系大船后，因引次俱前。曹公军吏士皆延颈观望，指言盖降。盖放诸船，同时发火。时风盛猛，悉延烧岸上营落。顷之，烟炎张天，人马烧溺死者甚众，军遂败退，还保南郡。

演义里子虚乌有的情节一来打造故事性，二来贬损曹操。

6. 周瑜非为气度死

《吴书九》记载：瑜亲跨马擽陈，会流矢中右肋，疮甚，便还。后仁闻瑜卧未起，勒兵就陈。瑜乃自兴，案行军营，激扬吏士，仁由是遂退。

瑜还江陵，为行装，而道于巴丘病卒，时年三十六。

《三国志·周瑜传》记载：周瑜建议孙权徙备置吴，给美女宫室之享，与关张分开，权未纳；又建议孙权取蜀并鲁与马超结援，权纳之，会瑜病未果。"

周瑜确实死于疾病，不是演义中的因气量小而被活活气死，罗贯中不但贬曹而且抑制周瑜。

7. 蒙璋物故非羽灵

《吴书九》记载：以蒙为南郡太守，封孱陵侯，赐钱一亿，黄金五百斤。蒙固辞金钱，权不许。封爵未下，会蒙疾发，权时在公安，迎置内殿，所以治护者万方，募封内有能愈蒙疾者，赐千金。时有针加，权为之惨戚，欲数见其颜色，又恐劳动，常穿壁瞻之，见小能下食则喜，顾左右言笑，不然则咄唶，夜不能寐。病中瘳，为下赦令，群臣毕贺。后更增笃，权自临视，命道士于星辰下为之请命。年四十二，遂卒于内殿。时权哀痛甚，为之降损。蒙未死时，所得金宝诸赐尽付府藏，敕主者命绝之日皆上还，丧事务约。权闻之，益以悲感。

《吴书十》记载：璋为人粗猛，禁令肃然，好立功业，所领兵马不过数千，而其所在常如万人。征伐止顿，便立军市，他军所无，皆仰取足。然性奢泰，末年弥甚，服物借拟。吏兵富者，或杀取其财物，数不奉法。监司举奏，权惜其功而辄原不问。嘉禾三年卒。

演义里吕蒙之死、潘璋被杀，都是因果报应式的狭窄。

8. 凌操之死非兴霸

《吴书十》记载：凌统字公绩，吴郡余杭人也。父操，轻侠有胆气，孙策初兴，每从征伐，常冠军履锋。守永平长，平治山越，奸猾敛手，迁破贼校尉。及权统军，从讨江夏。入夏口，先登，破其前锋，轻舟独进，中流矢死。

凌统父亲之死与甘宁无关，演义里凌统和甘宁的矛盾与友谊也是虚构。

9. 攻破荆州有奇谋

《吴书十三》记载：吕蒙称疾诣建业，逊往见之，谓曰："关羽接境，如何远下，后不当可忧也？"蒙曰："诚如来言，然我病笃。"逊曰："羽矜其骁气，陵轹于人。始有大功，意骄志逸，但务北进，未嫌于我，有相闻病，必益无备。今出其不意，自可禽制。下见至尊，宜好为计。"蒙曰："羽素勇猛，既难为敌，且已据荆州，恩信大行，兼始有功，胆势益盛，未易图也。"蒙至都，权问："谁可代卿者？"蒙对曰："陆逊意思深长，才堪负重，观其规虑，终可大任。而未有远名，非羽所忌，无复是过。若用之，当令外自韬隐，内察形便，然后可克。"权乃召逊，拜偏将军右部督代蒙。

陆逊又以书麻痹关羽，使荆州主要兵力调往襄樊战场，然后让军士白衣扮作商人，船内暗藏精兵，神不觉鬼不知拿下关羽的烽火台，荆州危殆！陆逊此等人慎防之、远之！

偷袭荆州是陆逊，不是演义里的吕蒙，演义里张冠李戴太多了，有损历史。

第四辑

群诗阅读——诗海漫步

群诗阅读理论上有古代诗歌群阅读，古典和现代诗歌群阅读，现代诗歌群阅读，外国诗歌群阅读，中外诗歌群阅读，能打破时空限制和题材不同，调动高中学生的视角，多层面多角度关注诗歌，在横向与纵向上比较阅读、赏析探究。

　　群诗阅读范围大，内容多，是沟通古典与现代、中国和外国诗歌的大教学研究。

　　此处侧重诗歌教学法阐述和实践总结。有群诗教学法总结，以诗教诗教学法，诗文结合教学法——群文章阅读延伸的一个方向；有群诗教学实践示例，围绕同一个诗人对其系列作品挖掘，围绕同一议题对不同诗人的诗歌进行比较探究。

# 群诗教学法探究

中国是诗国，诗歌从古典到现代汇成了一条长河，一直流淌在爱好诗歌的中国人的心间。为了继承中国诗歌文化的传统，中小学语文教材选入了不少诗歌，作为一名语文教育工作者，应以这些诗歌为平台，给学生传授诗歌知识，使其学会读诗、背诗、赏诗、写诗，让诗的灵感在学生的头脑中飞翔，让个体的感悟茁壮成长，为弘扬祖国的诗歌文化做出一份贡献。然而在当今这个经济时代，这不是一件易事，近年来随着经济浪潮的影响，不少人追逐经济利益，冷落了诗歌，所以对中小学生进行诗歌教学尤为迫切，然而学生与诗歌的距离较大，理解诗有困难，鉴赏诗、写诗就更有困难，为此，如何有效地进行诗歌教学，培养学生对诗歌的感悟至关重要。笔者多年从事中学语文教学工作，在群诗教学中进行了一系列创新尝试，收到了不错的效果。

## 一、以诗教诗教学法

该教法就是以诗歌解释诗歌，介绍有关背景，扩展诗的内容，加深对诗的理解与赏析，有七个方面。

1. 以诗引入

诗歌单元是高一第一册的第一个单元，高一新生来自不同的学校，语文水平差别较大，尤其在诗歌方面。为了一开始打破学生对诗歌的神秘感，激发他们对诗歌的兴趣，采用了三种引入法。（1）以诗开讲。笔者专为新生写了内容浅近的《永飞的翅膀》："你们从大山的深处飞来/从亲人的目光里飞来/作别昨天的风雨/书写了九月的荣光/你们找到了森林/这里有无尽的食粮/然而——/这只是飞翔的驿站/不是栖息的温床//且莫收住年轻的翅膀/终点从来是起点/把梦放得更高吧/要在艰苦的飞行中/练就鹰的翅膀/无力的翅膀是飞翔的死亡/越高山掠大海/是飞之王。"当时把诗快速写到黑板上，给学生边读边分析，并让学生诵读，学生积极性高涨，收到了先声夺人的效果。（2）以诗引出作者。上《死水》时，用了自己的几句小诗引入作者："七月十五/昆明/一颗罪恶的子弹/射向/射向一个伟大的学者//专制/被鲜血埋在/埋在黑暗的土里/民主茁壮成鲜艳的花朵"。读完后让学生猜猜学者是谁，然后给学生介绍了闻一多先生的生平，给学生一个全新的感觉。（3）以诗引出作品。在诗里月亮是中国的，它是很美的民族抒情载体，中国有许多文人与月亮结下了不解之缘，留下了美丽的诗篇，我把它称作"月亮诗"，并给学生以专题的形式教，教时专门写了《月与文人》引出月亮诗。其诗为："有人说/我是一个弱女子/因为我是太阳的影子/有人说/我是眼泪/因为是我惹出了绵绵的乡愁//有了我/那个爱出远门的夫人/把相思挂到树上/偷偷和了桂香/一缕缕从空中放飞/于是我——/落到酒碗里/浑身是酒味/飘在松林间/浑身是佛意/来到幽梦里/坡仙就有了悲欢离合/曹公有了水中望月/我累了/正要栖息在古城边/一支彩笔/又把我画在河塘上"。

2. 对作者扩展介绍

教完海子的《面朝大海，春暖花开》后，笔者写了《海子，你……》来总结，其诗为："你走了/走得那样漫长/你走了/走得那样匆忙//你的那只鹰啊/迷失了方向/你聚拢的几只火虫啊/在无穷的风网里/息了神光//雨街上/一只断柄的雨伞滑翔/大漠上/一只柔弱的帆船摇荡//你背对尘暴而站/终于在大地的颤抖中/从容地关上了那道门/把诗连同孤独/关在了门那边//而耐不住寂寞的风儿/唤醒了沉睡的眼睛/大门重新打开/你的海//那么蓝/你的屋//那么暖//你走了/走得那样匆忙/你走了/走得那样漫长"。诗中暗含海子的作品与经历,给学生补充了诗坛上发现海子,发现其诗的过程,让学生对海子有一个全面的了解。

教《沁园春·长沙》时,笔者写了《追寻着你的足迹》,引导学生对伟人毛泽东解读,让学生缅怀伟人光辉的战斗生涯,品味伟人大济苍生的人格美,激发学生要有关注祖国、关注人民、立志为民族献身的胸怀。诗为:"你在哪里/在橘子洲头吗/枫叶鲜红依旧/江水透碧依旧//你在井冈翠峰吧/满山毛竹青青/黄洋界弹痕深深//因为你/娄山如海/夕阳遵义格外壮观/因为你/赤水浪涛更加惊天/大渡铁索不再冰寒/因为你/雪山低头了/草地的草儿长高了//你在哪里呀/在宝塔山下吧/在枣园亮灯的窑舍吧/不/天安门广场/你早已走过/北京古城你早已走过//你从黑暗中走来/从苦难中走来/撑起了风雨飘摇的华夏/在追求真理的长征中/你温暖了万双眼睛/沸腾了万千心海/漫漫长途/你肩挑得太重太久/你累了/北国的雪花/依旧那样大那样美/而你/收住了创造神话的脚步//你的足迹永恒在人民的心中/人们沿着它的方向/续写着一个又一个神话"。

3. 对诗中人物形象的改造

穆旦的《赞美》中的"他",既是群体的,又是个体的,对"他"的理解学生总有云山雾海的感觉,笔者专门写了《守望》导引,诗为:"他,他是土地的儿子/从广袤的原野走来/和祖辈一样/尽管犁痕后边长出的/也有无尽的失望/多少次汗水/多少次坚韧/把苦难用歌声镀亮/土地、土地/只要有土地/原野就有不朽的形象//有一天/茅屋着火了/村庄着火了/土地着火了/他，他咬咬牙/砸碎祖传的木犁/丢掉靠墙的铁锄/从历史的深处走来/向前、向前/身后是饥饿、贫穷/哭泣、等待/他头也不回/失去土地要比失去面包恐怖/失去自由要比死亡黑暗//走吧、走吧/让秋风为我唱响最美的祭歌/让黄叶为我掩埋思想/最后——/让历史的历史诉说/诉说悲壮/让土地的土地咀嚼/咀嚼生存的守望"让学生在反复朗读中与原诗进行比较，学生兴奋地读出了主调和蓬勃的力量，笔者确实在此也感受到了这种教法的成功。

4. 对诗歌艺术手法的点拨

诗歌的艺术手法很多，这里专举咏物诗。咏物诗有一个共同点是亦人亦物，采用象征手法，学生对这一点理解有距离，为此，笔者写了小诗《企鹅》（望天/不是把声音嘹亮在天空/而是为证明/暴风雪中一尊不倒的生命）、《雪中树》（雪/茫茫着/荒原上/只有你/撑起天幕/沧桑的血脉里/流着不老的春意//慕你/不愿双脚玷污了距离）、《鹰》（鹰/你是/注定漂泊/和长风//噢/翼尖擦破夜空/山堡子/是你的栖息地/孤旅/你是鹰）来点拨，《企鹅》中是不重名声而默默工作者的形象，《雪中树》中是一个不随流俗的教授形象，《鹰》中是寂寞的追求者的形象，通过对比，学生对臧克家的"老马"形象把握准确而到位。

5. 对诗歌意象的点拨

意象是一个比较难理解的概念，不管古典诗还是现代诗里有好多意象，教学时对它从文字上解释学生很难理解，它又是高考的考点，教学中无法滑过去，在教学时先举了马致远的《天净沙·秋思》分析其绝妙的名词性的组合："枯藤—老树—昏鸦"三个暗淡的意象，"小桥—流水—人家"三个明快的意象，"古道

—西风—瘦马"三个悲凉的意象,"人"是一个中心意象。教学时让学生围绕这些意象进行畅想,感受画面美,视觉美。笔者又给学生示范做了《想亲人》来引申,诗中的意象有星、月、灯火、家家、热泪、北风、树树、山山、春色、孤灯、关山、长河、天涯,由一系列意象组成了意象群,然后指导学生通俗地理解意象:就是以蕴情性的名词为中心的语言组合,再如"碧云天""黄花地""北雁""霜林醉""离人泪",是很经典的意象,在此基础上让学生很轻松地找出了《再别康桥》《沁园春·雪》《致橡树》中的意象,从而在不知不觉中突破了难点。

6. 以现代诗译古诗

在教学中为了立足课本,又高于课本,给学生讲析了《硕鼠》和《伐檀》,为让学生更好地感受民歌现实主义的特点,找来了郭沫若和余冠英两位先生对两诗以现代诗的形式进行的翻译,通过比较,还让学生明白了古典与现代是有桥梁相通的,从而为改写古诗为现代诗,仿写现代诗埋下了伏笔。

7. 仿写诗歌

兴趣是最大的老师,为了保持学生对诗歌已有的浓厚的兴趣,让学生学写诗歌,同时把高考中的仿写适度融入诗歌教学,尝试了诗歌仿写教学,教学时老师由前台转到后台,由学生在前台表演,例如指导学生仿写郑愁予的《错误》、裴多菲的《我愿意是激流》,学生想象丰富,视野开阔,人人能仿写,且充满个性。写完后分组交流,推选佳作面对全班朗读,让学生在兴奋中收获了"发表"的乐趣。

## 二、古诗吟唱教学法

这种教学方法就是通过教师教唱(教学生唱)、学生吟唱感悟诗歌的方法,有三个方面。

1. 古韵古声

诗是对现实生活的高度概括，歌是对现实生活激情的咏唱，从某种程度上说，诗与歌是姐妹，好多古诗是依声填的词，对原本有曲谱、曲谱失传的，后人又配有曲子，使不同时代的人能依曲咏唱，在教学中为了帮助学生理解、背诵，给学生教唱了李煜词、林光璇曲的《问君能有几多愁》，李商隐词、何占豪曲的《别亦难》，古曲岳飞的《满江红》等，录音放听了苏轼词、梁弘志曲的《但愿人长久》、王立平作曲的《秋窗风雨夕》《枉凝眉》等。让学生通过反复听乐吟唱，理解了诗人、作曲家的双重情感，从而让学生自己情感上与之共鸣：好诗好曲原来是伟大灵魂的碰撞。

2. 古韵新声

为了鼓励学生通过自己的理解而有个性的大胆自编自唱古诗，特意为辛弃疾的《西江月》《京口北固亭怀古》、李清照的《声声慢》、柳永的《雨铃霖》、白居易的《忆江南》、欧阳修的《采桑子》、苏轼的《念奴娇·赤壁怀古》、范仲淹的《渔家傲》《苏幕遮》、李煜的两首《相见欢》和《望江南》等作品配有曲子，并给学生教唱，让学生在一周或两周唱会一支，在吟唱中让学生分辨豪放与婉约、轻松与黯淡等，此教法很实用，还可以扩展，如把思想性与艺术性好的流行歌曲、地方民歌引入课堂，在学生的心中将会另有一番天地。

3. 新曲新声

听古曲、唱古曲效果虽好，但不如教师自己填词谱曲更能激活学生，为此给前面所写诗歌《想亲人》配上了曲子，并写了《奏响时代的强音》作为班歌，让学生明白诗就在生活中，就在身边，但只属于用心者。这教法既陶冶学生情操，又给学生思想教育，大可操作。

## 三、诗文结合教学法

美的诗是浓缩的文，美的文是诗化的文，教学中大胆地把诗与文结合起来。

1. 介绍古典名著中的诗歌

在古典名著中有不少典范的诗歌，如《三国演义》中明人的词很美，特别是那个白发翁让人久久不忘，再如《红楼梦》中诗歌比比皆是，真让人感叹作者才气的高超，为此给学生介绍了对宝玉评判的《西江月》，隐喻人物命运，暗示小说情节的王熙凤、探春等人物的判词，林黛玉的《葬花吟》等，让学生明白在古典名著中诗的作用很多很多，不一而足，在写作中要好好借鉴。

2. 介绍老师范文中的诗歌

为了让学生在文中妙用诗歌，给学生介绍了自己下水文中的小诗，笔者在散文《曲折人生路》中用"夏日流火/最后一丝绿/退进了土里/山坡/裸露成千万张饥饿的嘴//挖破大山的手/抬起空虚的神位/祈盼不到上苍的一滴泪水/加热了六月的阳光/贫穷的思维"，批判了村民们的愚昧无知，反衬主人的苦闷彷徨；在小说《今晚还有一场》中笔者用"现代人/真是累/寂寞蜗牛爬洞穴/冬日柔蝶林间飞//现代人/真想望/躺在小船上/荡在海天间/没有时间/没有方向/没有音响"揭示主题，反映现代人的生存困惑和对生命的透支。

3. 化古文为诗歌

陶渊明的《归去来兮辞》不好理解，笔者就把主要内容改写成小诗《回家畅》教给学生：一叶扁舟荡呀荡/风飘飘拂衣裳/恨漫晨光/问征夫前路何方//一叶扁舟晃呀晃/风袅袅菊酒香/有美景把我守望/有爱子把我默想//我的船儿穿苍茫/听鸟语闻花香/携近邻诵诗章/云飞林处/才是灵魂的故乡。

4. 学生习作中的诗歌

学生在写作中或以小诗为题记，或以小诗来过渡，或以小诗收束全文，方法多样，极好地进行了训练。如写"秋"时令倩同学用"一片落叶／飞舞于秋风之中／轻轻地／淡淡地／化作一个梦／漂在水面上／孤独的雁鸣／成为秋天最后的问候"开篇，杨瑞同学用"美丽的秋天／用它特有的色彩／讲述着可爱的神话／／独特的秋景／用她精制的礼物／传递着来自天堂的问候"过渡。这种方法在作文中教学中大可挖掘，笔者以后将加大力度训练。

# 诗歌"双五"教学法

诗歌是文学艺术长河中的瑰宝，中国为诗歌的王国，写诗论道有悠久的历史，古典诗歌面宽、量大，诗歌鉴赏是教学的重要组成部分，也是设考的重要内容。不同时代的诗歌有不同的特色，不同诗人的作品有独特的个性，理解把握诗歌是教学的难点，上升到规律性的理论来指导学生群诗鉴赏很有价值。为此，笔者依托多年诗歌教学实践，总结了可操作的方法——"双五"教学法，让学生整体感知诗歌、鉴赏有章可循。

## 一、五个技巧

总体方法为：先有概念，再去学习。

### （一）揣摩感情

依托"悲喜赞讽劝"五个字，并延伸分析。"悲"就有悲哀、悲愤、悲壮、悲凉、悲伤、悲切、凄切、叹息、感叹、哀婉、哀伤、哀愁、惆怅、愁苦、愁楚、愁闷、忧愁、难舍，愁又细化为闺中怀人、国破家亡、报国无门、昔盛今衰、借古伤今、羁旅行役、生灵涂炭、民不聊生、思友、失意、伤春等；"喜"有欣喜、愉悦、欢喜、喜爱、高兴、兴奋、闲适等；"赞"有礼赞、赞美、热爱、讴歌等；"讽"有批判、揭露、讽刺、抨击等；"劝"就是劝勉、勉励，往往含有安慰、理解、希望、嘱托、同情之情。

（二）积累专业词

1. 关键形容词

如清丽、缠绵、凄婉、冷峻、幽冷、沉郁、飘逸、清新、质朴、冲淡、诡谲、闲适、宁静、慷慨悲凉、慷慨苍劲等，主要用于对意境和作品风格分析。

2. 怀古专词

如昔盛今衰、吊古伤今、借古鉴今、借古讽今、物是人非、偏安一隅、偏安东南、灯红酒绿、纸醉金迷、声色犬马、依红偎翠、及时行乐等。

（三）明确独特情怀

1. 超然物外，安贫乐道（出世，道家情怀）。

2. 怀才不遇（有才无运，命运多舛）：报国无门、壮志未（难）酬、英雄无用武之地、心在疆场空老天山，身在江湖心存魏阙、忧国忧民忧君（入世，儒家情怀），常表现为在家品茶饮酒写字浇花，愤慨朝政而万般无奈。

（四）比较时代

必须关注朝代和作者生活时代，表现为：

1. 盛世之音

慷慨从戎，建功立业，讴歌战争（少数为厌战），蔑视敌国，多体现在边塞诗里，主要是汉唐雄风。

2. 末世之音

灯红酒绿、声色犬马、依红偎翠、及时行乐、后庭遗音、无可奈何、歌舞升平、粉饰太平等，主要是乱世魏晋六朝五代十国，弱朝南宋东南。

（五）雕琢语言

赏析力求语言古典化、具有概括性，如用四字句、六字句、八字句等，尽量诗歌化，采用多种修辞，用美而具有理性的语言答题。

## 二、五个步骤

### (一) 简介

简介就是介绍作者，介绍相关材料。面对一首诗，要介绍作者生活的时代、时代特色、文化氛围，作者家庭状况、社会关系、兴趣爱好、人生经历。把诗歌放在特定的大背景下，让学生理解，做到知世论诗，知人论诗。介绍时要根据诗的特色采取灵活的方式：或前或后，或多或少，或扩展诗下的注释，或化在诗句解析中，或老师讲授，或让学生课外搜集资料备好卡片，课堂交流。

### (二) 诵读

诗歌是语言精华，让学生在诵读中感知诗的节奏、诗的气势，初步体会作者的感情，作品的风格等。通过反复朗读，为进一步理解赏析打下坚实的基础。朗读时，可采用范读、领读、配乐朗读；分组朗读、集体朗读、分读、接读、轮读、赛读；朗读全诗，重读局部。范读可分教师范读，学生范读，录音范读；领读有教师领读，学生领读，可以给学生录音并放给大家听，与磁带比较。可督促学生在反复朗读深入理解的基础上背诵。

### (三) 疏导

疏导是诗歌鉴赏的重要组成部分，可以从以下几个方面解析。

1. 题目。题目往往是诗的核心，可以暗示内容，提供有价值的信息，如含有"送""赠""别"的送别诗、有"从军"的边塞诗、有"怨"的闺怨诗、有"咏"的咏物言志诗、有"思"的羁旅思乡诗，所以特别要注意解题。

2. 关键词句。诗是语言文字的艺术，体现为关键句和诗眼，关键句是全诗的精髓，常以名句的形式出现，是解读诗的一把钥匙，如"多情自古伤离别，更那堪，冷落清秋节"点破了诗人的失意和漂泊；"竹杖芒鞋轻胜马，谁怕？一蓑烟雨任平生"道出了作者虽屡遭打击而忧乐两忘的胸襟；"吴楚东南坼，乾坤日夜浮"，写出了诗人心系祖国的伟大。诗眼常常是诗中最精练的一个字，例如"红杏枝头春意闹"的"闹"，"春风又绿江南岸"的"绿"写出了春的动态，"云破月来花弄影"的"弄"写出了花的娇态，"僧敲月下门"的"敲"写出了诗人的痴态。突破关键句和诗眼是进入诗本身的有效途径，应指导学生分析。

3. 修辞。面对诗歌牢记修辞，修辞常见的有比喻、借代、夸张、对偶、排比、反复、双关、互文、倒装、叠字等。这里重点谈互文、倒装、活用。互文有"秦时明月汉时关""主人下马客在船"；倒装有"晴川历历汉阳树""塞上长城空自许""英雄无觅孙仲谋处""长安回望绣成堆"；活用是词的活用现象，如"粪土当年万户侯"的"粪土"是意动，"目眇眇兮愁予"的"愁"为使动，给学生介绍词的各种活用法是解读诗的一种好方法。

4. 表现手法。鉴赏前首先要想到虚实、动静、视听、正侧、远近、色彩、明暗、冷暖、悲喜、点面这基本的十个方面，其次看有无比兴、象征、衬托、渲染、对比、想象、联想、托物言志、卒章显志、抒情方式等。研究表现手法是诗歌欣赏的重要内容。

（1）抒情方式

有直接抒情和间接抒情，直接抒情是直抒胸臆，如"情一样深啊梦一样美/如情似梦漓江的水""为什么我的眼里常含泪水？因为我对土地爱得深沉"。间接抒情有借景抒情、借物抒情、寓情于景、景中含情、情中有景、寓情于事，例如"问君能有几多愁，恰似一江春水向东流""知否？知否？应是绿肥红瘦"。

（2）比兴、象征

比是"比喻"和"比拟"。兴是先言他物，以引起所咏之辞"，"如三伏天下雨雷对雷/朱仙镇大战锤对锤/今日晚上哟/咱们杯对杯"，"羊羔羔吃奶眼望着妈，小米饭养活我长大"。诗歌中往往是比兴结合，如"桑之未落，其叶沃若，于嗟鸠兮，无食桑葚。于嗟女兮，无与士耽""桑之落矣，其黄而陨"，作者先以物起兴，由物及人，以喻主人公的色衰貌改。臧克家笔下的"马"象征旧中国受苦受难的农民。

（3）动静、虚实

"蝉噪林欲静，鸟鸣山更幽"，"月出惊山鸟，时鸣春涧中"，"鸟宿池边树，僧敲月下门"，是以动示静；"坐看苍苔色，欲上人衣来"，是以动写静。"白日依山尽"为实，是眼前景；"黄河入海流"为虚，是意中景；两句由实入虚，画面宏大，视野开阔，真可谓"缩万里于咫尺，使咫尺有万里之势"。

5. 作品风格。风格即人格，风格与作家的性格有密切的关系，如李白性格浪漫诗风飘逸；杜甫现实，对现实从未闭上眼睛，诗风沉郁；苏轼旷达诗风豪放；李清照有女性的细腻，诗风婉约。不过同一作家会有不同的诗风，像李白有"长风破浪会有时，直挂云帆济沧海"的悲而豪，有"安能摧眉折腰事权贵，使我不得开心颜"的悲而怒，有"五花马，千金裘，呼儿将出换美酒，与尔同销万古愁"的悲而哀。王维闲淡之外不乏剑气之作，如《陇西行》中的"十里一走马，五里一扬鞭"，《老将行》中的"一身转战三千里，一剑曾当百万师"。陶潜在田园之外也有"金刚怒目"的《读山海经》《咏荆轲》。苏轼有一豪放一婉约的《江城子》，李清照有豪放作品《渔家傲》（天接云涛）。要指导学生领略不同作家的不同风格，同一作家的不同风格，不同作家的相同风格。

**（四）赏析**

赏析是诗歌鉴赏的关键环节，可以引导学生从以下几个方面入手进行多角度多层面的赏析。

**1. 画面美**

古希腊西蒙尼底斯说："诗是有声画，画是无声诗。"这明确地指出了诗的画面美，如王维的《山居秋暝》先绘一幅明月松泉之静图：青松如盖、山泉如冽、静石如玉、明月如水，是一幅纯净的自然风光图；后又绘了一幅动图：竹林幽幽、荷叶亭亭、渔舟点点、歌声缭缭，是一幅祥和轻松的劳作图。再如毛泽东的《沁园春·长沙》由独立寒秋图、万山红遍图、湘江百舸图、鹰击长空图组成，很有立体感。不仅在古诗中诗画一体，而且现代诗中也有典范，如徐志摩的《再别康桥》中有金柳夕阳图、水草康河图、星夜寻梦图。

**2. 音乐美**

在古代诗歌和音乐原本是统一的，诗歌的最早作用是唱和的，诗歌和音乐像一对孪生的姊妹，是两位一体的。音乐美表现在：

（1）节奏美。"人们把节奏称为声音在时间上的组织，是长音与短音的特定轮流。"①诗歌是声音的艺术，其节奏出现在诗的停顿里。四言诗为"二二"式，有稳定美，如"昔我/往矣，杨柳/依依，今我/来思，雨雪/霏霏"；五言诗为"二一二"式和"二二一"式，如"阳春/布/德泽，万物/生/光辉。常恐/秋节/至，焜黄/华叶/衰"。两种节奏使用，在工整中求变化。七言诗有"二二二一"式、"二二一二"式，如"越王/勾践/破吴/归，义士/还家/尽/锦衣。宫女/如花/满/春殿，只今/惟有/鹧鸪/飞"。节奏具有丰富性、变化性，更体现在杂言诗和现代诗里，如"轻轻的/我走了，正如我/轻轻的来，我轻轻的/招手，作别/西天的/云彩""寻梦？/撑一支/长篙，向青草/更青处/漫溯；满载/一船星辉，在/星辉斑斓里/放歌""这是一沟/绝望的/死水，清风/吹不起/半点漪沦"。

（2）重叠美。有两种格式，一为重章叠唱，反复咏叹，如《秦风·无衣》三次反复"岂曰无衣"与"王于兴师"，三次变化反复"与子同袍（同泽、同裳）""修我长矛（矛戟、甲兵）""与子同仇（偕作、偕行）"把秦兵高昂的士气表现得十分突出。二为叠词，如"采薇采薇""硕鼠硕鼠""两情若是久长时，又岂在朝朝暮暮""寻寻觅觅，冷冷清清，凄凄惨惨戚戚""盈盈一水间，脉脉不得语""苍苍竹林寺，杳杳钟声晚"，叠词很有音乐感。

3. 意象美

（1）组合性。一为纯名词性组合，如"鸡声茅店月，人迹板桥霜""杨柳岸晓风残月""一川烟草、满城风絮、梅子黄时雨"。二为非纯名词性，如"碧云天，黄花地，北雁南飞""雨中黄叶树，灯下白头人""大漠孤烟直，长河落日圆""日出江花红胜火，春来江水绿如蓝""无边落木萧萧下，不尽长江滚滚来""余霞散成绮，澄江静如练""落霞与孤鹜齐飞，秋水共长天一色"。

（2）丰富性。一首诗中有大量的意象组成意象群，如《再别康桥》中有"西天的云彩""河畔的金柳""夕阳中的新娘""软泥中的青荇""天上虹""一船星辉""别离的笙箫"。

（3）蕴情性。如"柳"有惜别留念之情、思乡怀远之意，"月、霜、鸿雁、杜鹃、鹧鸪"代表思乡怀人，"松、竹、菊、荷、梅、兰、蝉"与品行志节有关，"流水、落花、梧桐、老树、残月、夕阳"或抒发凄凉伤感之情，或抒发感时伤世之叹，或抒发孤寂落寞之感，或羁旅思乡之愁；"大漠、孤烟、黄沙、长河、燕山、孤城、玉关、楼兰、羌笛、鼓角、羽檄、吴钩、刁斗、金柝"等出现在边塞诗中或赞或思或讽。

（4）哲理性。如古典诗中"欲穷千里目，更上一层楼""不识庐山真面目，只缘身在此山中""会当凌绝顶，一览众山小""山重水复疑无路，柳暗花明又一村""问渠哪得清如许，为有源头活水来"等等。现代诗如卞之琳的《断章》中的"人"既是赏景者又是风景本身，说明人既是演员，又是导演，生命的价值在于装饰别人，服务别人。

（5）开放性。中国的"诗的艺术真谛往往在可谈与不可谈之间"②，其具有多义性，留下很大空白，让读者去填充。如"碧玉妆成一树高"的"碧玉"是细叶如玉石润泽，又如"小家碧玉"柔美；"落花时节又逢君"的"落花"既指相逢的时节，又喻李龟年和作者的不幸身世。

（6）人格美。柳宗元笔下的钓翁，是他人格力量的外化；陆游的"梅"是壮志未酬的苦闷人格的写照；苏轼的"也无风雨也无晴"是一种达观的人格闪光；杜甫的"广厦"是理想人格的咏唱。

（7）朦胧美。像李商隐的"沧海月明珠有泪，蓝田日暖玉生烟""春蚕到死丝方尽，蜡炬成灰泪始干"中的意象，朦胧成不定式的美感；舒婷《致橡树》的意象含蓄委婉，拨动着读者的心弦。

**（五）扩展**

为了让学生把诗学得深、活，把握得准、实，教学中必须重视扩展，方法为：1. 指导学生反复默读并背诵；2. 给诗配插图，互相交流；3. 切割时空，调整语序，扩写成现代文；4. 运用联想、想象改写成现代诗；5. 让学生仿写诗歌；6. 放手学生进行诗歌创作；7. 比较同一作家或不同作家的诗歌；查找资料，写诗歌评论或赏析文章。

**【参考书目】**

①薛良：《音乐知识手册（续集）》，中国文联出版公司1996年，第33页。

②袁行霈：《中国诗歌艺术研究（第3版）》，北京大学出版社2009年，第1页。

# 群诗教学设计之一

## 走近王维

### ——群诗欣赏

**教学目标**

1. 体会王维诗歌的语言特色。

2. 揣摩王维诗歌的情感。

3. 感悟王维诗歌的独特美感。

**教学重点**

1. 品味王维的几首山水田园诗。

2. 理解王维诗歌的风格。

**教学难点**

品赏王维诗歌的美感，群诗欣赏。

**教学方法**

诵读点拨法、以诗解诗法。

课时设计：一课时。

教学手段：多媒体。


教学过程如下。

## 一、引入

是谁发现了田园之乐？是陶渊明。是谁发现了山水之美？是谢灵运。是谁把田园和山水融入笔端，让精神徜徉在田园山水之间，让温暖的莲花开在诗歌的山洼？王维。让我们走近王维，走进他的内心世界。

## 二、王维诗歌揣摩

### （一）赏析《山居秋暝》

#### 山居秋暝

王　维

空山新雨后，天气晚来秋。

明月松间照，清泉石上流。

竹喧归浣女，莲动下渔舟。

随意春芳歇，王孙自可留。

1. 教师范读。

2. 学生齐读。

3. 设问：同学们认为这首诗最大的特色是什么？

明确：画面美，空明澄澈，清新恬静。

4. 请同学们选择最喜欢的诗句，体会诗中画面。

明确："明月松间照，清泉石上流。"天色已暝时明月当空，群芳已谢时青松如盖。山泉清冽，淙淙泉水柔于山石之上，犹如一条素练在月下闪烁，多么清幽明净啊！"竹喧归浣女，莲动下渔舟。"竹林里传来阵阵歌声、声声笑语，一群天真无邪的姑娘洗罢衣服踏歌归来；亭亭的荷叶纷纷向两旁披分，顺流而下的渔舟划破了夜的宁静。

诗人先绘一幅明月松泉之静图：青松如盖，山泉如冽，静石如玉，明月如水，是一幅纯净的自然风光图。接着来一幅竹喧莲动之动图：竹林幽幽，荷叶亭亭，渔舟点点，歌声缭缭，这是一幅祥和轻松的劳作图。

现在，老师用诗歌带同学们走向《山居秋暝》的清韵吧。（老师朗读《宿命》）

## 宿 命
### 夏志雄

请留步
我必须得走
山里的潮气等着我
林子里流浪的风等着我
悠长的山路
我的心境
走向青山
我的宿命

请留步
我不会寂寞
悠悠的钟声在呼唤
烛光的摇曳在呼唤
笠边夕阳
我的心境
竹叶禅寺
我的宿命

回去吧

满天的红霞

你对我的情意

满山的云烟

我对你的记忆


回去吧

别在意去留

只要有一方山坡

绿成诗行


我走了

留给你一个背影

我走了

披上最后一段云霞


是啊，宿命，皈依山水是王维的宿命。那好，我们再领略《鸟鸣涧》吧。

（二）赏析《鸟鸣涧》

## 鸟鸣涧

### 王 维

人闲桂花落，夜静春山空。

月出惊山鸟，时鸣春涧中。


1. 女生齐声朗读。

2. 这首诗的诗眼是什么？

生答：空。

明确：空灵。山空、景空、心空。这首诗的精妙之处还在于动静的运用。"月出惊山鸟，时鸣春涧中"，是以动写静，一"惊"一"鸣"，看似写动，实则用声音表现山里的幽静：月亮露出倩影，鸟儿从睡梦中惊醒过来，不时呢喃几声，和着春天山涧小溪的声音，多幽静啊，与王籍"蝉噪林逾静，鸟鸣山更幽"有异曲同工之妙。正如夏日打马走进森林，淙淙的流水、哒哒的马蹄声更烘托了森林的幽静，让人感到原始、古朴。

3. 同学们愿意用诗歌解读《鸟鸣涧》吗？（学生写完交流，老师巡回评点。）

请齐声朗读老师的《山居》。

## 山 居
### 夏志雄

挥挥手
把旅途的忧伤
世俗的嘈杂
关到山外
来了
披上一袭夜色
来了
和了流水的声音
什么没带

我是今夜的
今夜是我的

我是山的
山是我的

在花儿疲倦的时候
听到了心情苏醒的微笑
在月色抚摸鸟的思绪的时候
看到了灵魂潺潺的微波

时间是透明的
心情是透明的

赏析：诗用拟人手法，写心情苏醒的微笑，灵魂潺潺的微波，时间是透明的，心情是透明的，诗人的内心也是透明的。这就是一种"心空"，是诗人避开红尘，远离纷争的内心独白。让我们怀着空明的心情相识《鹿柴》吧。

（三）赏析《鹿柴》

## 鹿　柴
### 王　维

空山不见人，但闻人语响。
返景入深林，复照青苔上。

1. 女生和男生对比朗读。

2. 体会这首诗的冷暖。

山空林深，有人声无人形。一缕夕阳透进林子，给空旷的山林平添几许暖意。

3. 请一位女生朗读《留宿》。

## 留 宿

### 夏志雄

一丝幽情

漫步在

玉色的山里

一缕阳光

徜徉在

温暖的树叶间


留宿

邻居就在

白云的前面


赏析：漫步在玉色山里的幽情，和着那一缕温暖的阳光，诗人决意留宿，留宿吧，白云深处便是家！

让我们继续赶路吧，同学们！那琴声竹林明月在前面早等着我们。

**（四）赏析《竹里馆》**

## 竹里馆

### 王 维

独坐幽篁里，弹琴复长啸。

深林人不知，明月来相照。


1. 男生配乐朗读。

2. 想象诗中是怎样的一个人？

明确：寄情山林、志趣高雅，内心圣洁，孤独但不冷寂，优雅而充实的隐者形象。真是只要有一方土地，灵魂就不再寂寞。请听别样的"琴声"。

## 琴　声
### 夏志雄

寂寞的林子里
寂寞的琴声似水涟漪
善感的手指
放出一只孤独的灵魂
飞去飞来
最解心意的还是那轮柔月
迈着醉态
和琴声翻飞
飞向永远的荒芜

3. 老师吟唱自己谱曲的《竹里馆》。

让学生在歌声里体会诗歌的暖意。

**（五）思考**

1. 这四首诗有何共性？

明确：温暖、祥和、宁静、禅意。

2. 为什么呢？

明确：王维受安史之乱牵连，无趣于仕途；少年随母亲礼佛，与佛结有因缘；中年丧妻，不再续娶，蔬食问禅，心归自然。经历让作者超越束缚，达到精神突围，学会了真正放下。因而诗歌充满温暖、祥和、宁静、禅意，有了透彻心扉的美感，达到后人难以逾越的高度，美哉，诗佛！

## 三、猜猜作者

### 陇西行

十里一走马，五里一扬鞭。

都护军书至，匈奴围酒泉。

关山正飞雪，烽戍断无烟。

### 老将行（节选）

少年十五二十时，步行夺得胡马骑。

射杀中山白额虎，肯数邺下黄须儿！

一身转战三千里，一剑曾当百万师。

汉兵奋迅如霹雳，虏骑崩腾畏蒺藜。

1. 学生齐读《陇西行》《老将行》。

2. 请同学们猜诗的主人。

明确：作者仍是王维，但与前四首风格迥异，相差甚远。说明同一作者，诗歌可以有不同的风格，祥和宁静是王维，剑气潇潇亦是王维。如苏轼既有"老夫聊发少年狂"的豪放，又有"十年生死两茫茫"的婉约；李清照既有"寻寻觅觅，冷冷清清，凄凄惨惨戚戚"的婉约，也有"九万里风鹏正举，风休住，蓬舟吹取三山去"的豪情。请一起读最后一首。

### 阙　题

道由白云尽，春与青溪长。

时有落花至，远随流水香。

闲门向山路，深柳读书堂。

幽映每白日，清辉照衣裳。

3. 作者又是谁？

刘眘虚。

4. 像不像王维的诗？

对，很像，不同的作者，完全可以有相同的风格。

## 四、课堂小结（投影）

诗中有画，画中有诗，是王维；诗中有静，静中有禅，是王维；柔情七分，剑气三分，又是王维。同一个作者，有不同的风格是常态。

不同的作者，有相同的风格，也是常态，王维、孟浩然、韦应物、刘禹锡、刘眘虚、储光羲形成山水田园诗人群体，灿烂了唐诗的星空。

## 五、延伸思考：同学们在王维身上受到什么启示？

明确：王维具有独立人格，所以拥有精神自由。愿同学们在今后的人生路上，不论浮沉、荣辱、顺逆，都要把王维看作精神的高标，不断调适心灵，积极地走向生命的征程。

## 六、作业布置

课外研读《辋川集》，全面了解王维的山水田园诗。

# 群诗教学设计之二

群文阅读问卷调查显示，经过几年实施，大家对群文阅读概念了解比较深入，在实际教学中已不自觉地或多或少用着，尤其对群诗阅读用得较多，这是可喜的，但在教学设计上还有欠缺，为此，笔者再进行示范。

## 长恨歌
### ——从"帝王梦"到"贬谪情"

《长恨歌》和《琵琶行》比较，同时引入他的经典诗歌。

唐宣宗李忱悼念白居易的诗中说"童子解吟长恨曲，胡儿能唱琵琶篇"。《长恨歌》《琵琶行》都是白居易的经典作品，他是唐朝第三大诗人。

白居易的短诗也写得不错，如《赋得古原草送别》《忆江南》《暮江吟》《大林寺桃花》《钱塘湖春行》。

说明：以上短诗学生学过，熟悉，基本会背。

**《长恨歌》《琵琶行》比较。**

1. 写作背景不同

元和元年（806年），白居易35岁，写下《长恨歌》；元和十一年（816），白居易45岁，写下《琵琶行》。

　　白居易和陈鸿、王质夫同游仙游寺，有感于唐玄宗、杨贵妃的故事而创作《长恨歌》。

　　元和十年以前白居易任左拾遗，后又任左赞善大夫。元和十年六月，藩镇势力派刺客在长安街上刺死宰相武元衡，刺伤御史中丞裴度，朝野哗然。白居易上疏请捕刺客，触犯权贵，被指责越级奏事，贬为江州刺史，再贬为江州司马。司马是刺史的手下，但中唐时期这个职位是安排"罪犯"官员的，是接受看管的。

　　2. 同为叙事诗

　　《长恨歌》840 字，《琵琶行》610 言，都把抒情寓于叙事写景中。《长恨歌》用顺叙，《琵琶行》用插叙。《长恨歌》以叙事为主，写景比重大；《琵琶行》描写多，写景为陪衬。

　　3. 题材大立意深

　　《长恨歌》写帝王与妃子之爱，跳出了才子佳人的老套。《琵琶行》写宦途险恶与歌女艰辛，是文人与歌女灵魂的碰撞，超越了世俗对下层歌女的偏念。《长恨歌》写出了对帝王（玄宗、宪宗）的恨，恨帝王恨乱臣恨爱情失败，批判中有同情。《琵琶行》感叹身份不同命运相近，写人写己，哭己哭人，发自肺腑，揭示生命共性，情动千古。

　　《琵琶行》是现实笔法，《长恨歌》由现实到浪漫。《琵琶行》是人生矛盾，《长恨歌》是责任矛盾，都以情感取胜，以悲剧感人。

　　百年离别在须臾，一代红颜为君尽。老师以小诗点拨，

　　白天。黑夜。

　　春天。秋天。

　　地上。天上。

　　路上。海上。

追寻你的足迹。

同是天涯沦落人，相逢何必曾相识。

仕人。歌女。

京城。浔阳。

江边。船上。

为你拨动心灵的琴弦。

# 屈子精神

《国殇》《湘夫人》《涉江》《离骚》作为系列上。

《国殇》重在不屈精神、牺牲精神，《湘夫人》重在求美精神，《涉江》《离骚》重在求索精神；而《湘夫人》与《离骚》发扬了《诗经》的比兴之法，创造比兴群的概念，用美人、草木群、飞鸟群，形成鲜明比照。这一组诗的背后是屈子伟大的爱国精神。

引申：古希腊神话和《湘夫人》《湘君》《山鬼》都把神人化了，但古希腊神话重在表现神的邪恶（好色偏执、好战残忍），《湘夫人》《湘君》《山鬼》重在表现神的善良（漂亮可爱忧郁苦闷）。

湘君和湘夫人、山鬼和情郎注定不遇，如同屈原在诗中上下求索问天问地无果一样。屈原和楚王注定分道扬镳、各自远行，他的命运，唱一曲勇士祭歌，祭奠郢都被破，也祭奠汨罗之沉。

一个理想主义者的归宿，一个洁身自修者的归宿，一个文化人的自觉归宿。

作业：

美的嬗变——比较《山鬼》与《洛神赋》。

# 笼中之鸟，带血歌唱
## ——李家父子诗歌探究

## 一、赏析李璟的《山花子》

《山花子》，又名《摊破浣溪沙》，无可奈何的悲凉之音。

## 二、老师吟唱《山花子》

## 三、赏析李煜的被囚之歌

李煜，一个不想也不应该当帝王（行六，哥哥病死）的才子；一个工诗善画精书法通音律的政治悲剧人物（侮辱人格的称谓"违命候"）；一个把花间之词发展到极致的"千古词帝"（弘扬了温八叉韦庄，超越了老爹）。

国家改姓，山河变色。死亡张开血盆大口向他走来，且听死亡之歌"春花秋月"，且看绝命之词"虞之美人"。

项羽说："此天要亡我，非战之罪也。"

陆游说："王师北定中原日，家祭无忘告乃翁。"

周瑜说："既生瑜，何生亮？"

夏明翰说："杀了夏明翰，还有后来人。"

李煜说："春花秋月何时了，往事知多少。"

## 四、老师指导学生吟唱《虞美人》

## 五、作业

背诵《山花子》《虞美人》《浪淘沙》。

# 试问愁情深几许

## 一、引入

赵明诚收到李清照的一首词后，发誓要超过妻子，把自己关在房子里多天写了五十首词，让朋友赏玩，朋友说其中只有一首好。请问哪一首？

老师：是李清照的《一剪梅》。让我们走进她的重要词作《一剪梅》吧！

## 二、朗读《一剪梅》

1. 老师配乐范读。
2. 学生配乐范读。
3. 学生齐声朗读。

## 三、赏析

1. 红藕、玉簟、罗裳、兰舟、西楼、满月美不美？
很美，是贵妇人的居所。

2. 玉簟秋是啥意思？
玉簟秋意浓，玉簟凉。

3. 如何理解这秋意这夜凉。
李清照父亲李格非是苏轼的学生，谁让他是苏轼的学生，苏轼遭贬谪，学生不例外。李清照夫妇不能在京城居住，父亲遭贬是一个原因，所以新婚夫妇聚少离多。

4. 如何排解忧愁？
独上兰舟。这"独"是什么味道？

生：孤独。

师追问：有没有透漏其他信息？

老师明确：胆子大，李清照真是个李大胆，有词为证。

## 点绛唇

蹴罢秋千，起来慵整纤纤手。露浓花瘦，薄汗轻衣透。见客入来，袜划金钗溜。和羞走，倚门回首，却把青梅嗅。（十四岁，少女之胆大。）

## 如梦令

常记溪亭日暮，沉醉不知归路。兴尽晚回舟，误入藕花深处。争渡，争渡，惊起一滩鸥鹭。（闺中人居然敢喝酒，还要喝醉。）

## 如梦令

昨夜雨疏风骤，浓睡不消残酒。试问卷帘人，却道"海棠依旧"。"知否？知否？应是绿肥红瘦"。（喝醉还赖床，还埋怨丫鬟。）

5. 李清照胆大探究。

父亲是学者，母亲宰相之女，在对女子剥夺教育权的男尊女卑的社会，开明的父母让李清照读书习文，独特的家庭教养，让李清照身上传统的东西较少，以后状告张汝州是她大胆人生的高峰。

6. 思念丈夫的表现。

明确：独上兰舟，盼望丈夫的来信，雁子飘过（也可是想象），月圆人不圆。从夜里孤寂写起，又到月满西楼，寂寞与思念何其久也!

7. "花"有什么隐喻?

花代表美的东西,花飘零比喻韶华易逝。所以花独自落,无人赏;水白白流,无人看。

8. 最美的句子是哪些?

对愁的描摹,"此情无计可消除,才下眉头,却上心头。"

9. 这句话的艺术手法揣摩:化无形为有形。

(放听邓丽君唱的《月满西楼》强化对本词的理解)

10. 李清照写愁的名句还有哪些?

只恐双溪舴艋舟,载不动许多愁。(《武陵春》)

梧桐更兼细雨,到黄昏、点点滴滴,这次第,怎一个愁字了得!(《声声慢》)

(把愁物质化,有质量有重量,这是李清照的创造,这种国亡夫死之愁,远远重于《一剪梅》中的新婚暂别之愁。死别永远是比生离更大的痛苦!)

11. 还有哪些写愁名句?

欧阳修的《踏莎行》(离别相思之愁),范仲淹的《苏幕遮》(征人思乡之愁),王实甫的《西厢记·长亭送别》(恋人难舍之愁),贺铸的《青玉案》(离别恒久之愁),李白的《宣州谢朓楼饯别校书叔云》《秋浦歌》(理想破灭之愁),秦观的《浣溪沙》(化具体为抽象之愁),李煜的《相见欢》《虞美人》《清平乐》(把愁物质化、有形化、喻春草,很有个性;阶下囚的泣血之愁,很重很重)。

## 四、总结:同学们认为以上写愁谁的最高?

1. 李清照、李煜各创造了三个品愁名句,这二人的明显高于其他人。国破家亡的泣血经历,让二人把生死之愁演绎到了骨子里。难怪一个是"千古词宗",一个是"千古词帝"。

2. 这节课,你尝了这么多忧愁,有什么感悟呢?

让老师告诉你,名句从来是经历的产儿,带血的喉咙,能唱出恒久的声音。

# 月亮懂得谁的心

## 一、导语

月亮,是美,是神,是相思,是华夏民族最钟情的抒情载体。怀月写月的文人灿若星星,脍炙人口的月亮之歌美如浪花。盛哉,古典诗国!美哉,中国文学!现在就让我们怀着圣洁的心灵,走向月亮的诗群!

## 二、课时预设

第一课时,诵读明月之诗;第二课时,欣赏春江月夜。

## 三、名诗荟萃

李商隐的《无题》,张继的《枫桥夜泊》,李白的《古朗月行》《静夜思》《月下独酌》《把酒问月》《关山月》《峨眉山月歌》《子夜吴歌·秋歌》,王安石的《泊船瓜洲》,辛弃疾的《西江月·夜行黄沙道中》,苏轼的《水调歌头》《西江月·世事一场大梦》《赤壁赋》,王维的《鸟鸣涧》《竹里馆》《山居秋暝》,范仲淹的《苏幕遮》,李煜的《相见欢》,欧阳修的《生查子·元夕》《秋声赋》,李商隐的《锦瑟》,刘禹锡的《石头城》,杜牧的《泊秦淮》,杜甫的《月夜忆舍弟》《旅夜书怀》《月夜》,王昌龄的《从军行》七首、《出塞》二首,张九龄的《望月怀远》,

李清照的《一剪梅·红藕香残玉簟秋》，孟浩然的《夏日南亭怀辛大》《宿建德江》，杜牧的《寄扬州韩绰判官》。

总结：月亮本身很美，给人无穷的想象，千百年来，在故乡情结尤为浓郁的中国人心里固化成了望月怀远、望月怀人的特殊情结。写月亮的诗歌很多，但最高的应是《春江花月夜》，从造境、从想象、从气度，到对人事的拷问、对生命的思考、对宇宙的哲学追问，很全很透彻。谁能忘一江春月、一江浪花呢？那明快，那朦胧，透彻心扉，透彻骨血！好一曲，春江花月夜！

# 苦难，名作的温床
## ——杜甫诗歌赏析

## 一、家世简介

十三世祖杜预是西晋名将，祖父杜审言是唐初著名诗人，父亲杜闲曾为兖州司马和奉天县令，712 年出生在河南巩县。

## 二、人生轨迹

1. 读书和壮游时期（三十五岁前）

杜甫七岁时已开始吟诗，"读书破万卷""群书万卷常暗诵"，刻苦学习，为创作准备了充分条件。先后漫游吴越、齐鲁、梁宋，天宝三载（744 年），在洛阳认识李白，次年秋天在山东郡（兖州）再会，代表作是《望岳》《房兵曹胡马》《画鹰》。

2. 困守长安（三十五岁到四十四岁）

746 年，三十五岁进京赶考，被李林甫大耍，认为"野无遗贤"，没录取一人。

杜甫困顿十年，过着"朝扣富儿门，暮随肥马尘""残杯与冷炙，到处潜悲辛""饥饿动即向一旬，敝衣何啻悬百结。君不见空墙日色晚，此老无声泪垂血"的耻辱生活。这一时期留下了抨击唐玄宗穷兵黩武的《前出塞》（其六），751 年写下第一首替人民说话的诗《兵车行》，居无定所，自称"少陵野老""杜陵野客""杜陵布衣"。

最后得到一个管理军械库的小官（右卫率府胄曹参军）。官定之后到奉先县探望家眷，谁知一进门，"入门闻号咷，幼子饥已卒"。悲愤地写下《自京赴奉先县咏怀五百字》。

3. 战乱流浪（四十五岁到四十八岁）

杜甫往奉先县时，安史之乱爆发，叛军很快攻下洛阳、长安，杜甫带家人走在难民行列里。将家搬到鄜州（今陕西富县）羌村避难，他听说了肃宗即位，756 年立即在八月只身北上，投奔灵武，途中不幸为叛军俘虏，押至长安，写有《月夜》《春望》。同被俘的王维被严加看管，但因官小，未予囚禁。

757 年四月，杜甫冒险从城西金光门逃出长安穿过对峙的两军到投奔凤翔，"麻鞋见天子，衣袖露两肘"。五月十六日，被肃宗授为左拾遗，故世称"杜拾遗"。

唐军在回纥兵的帮助下相继收复长安洛阳，杜甫带着家眷来到长安。

不料杜甫很快因营救房琯，触怒肃宗，被贬到华州司功参军（今华县），从此，永远离开了长安。两年的经历比困顿长安十年还丰富、还深刻。历史的暴风雨把杜甫锻炼成中国古代文学史上伟大的诗人，沿途的经历让他诗歌"三吏""三别"达到现实主义的高峰。也留下了《羌村》《北征》等不朽之作。

唐肃宗乾元二年（759 年），关内大旱，饥饿又威胁诗人，七月，诗人弃官举家迁移，由华州经秦州（759 年《月下忆舍弟》)、同古(甘肃成县)一带,年底到成都浣花溪畔。

4. 漂泊西南(四十九岁到五十八岁)

受严武推荐为节度参谋校工部员外郎,世称"杜工部",这是诗人留下了《茅屋为秋风所破歌》《闻官军收河南河北》《水槛遣心》《春夜喜雨》《蜀相》《绝句》《又呈吴郎》《江畔独步寻花》《客至》《旅夜书怀》(严武去世,此诗写于离开成都到渝州、忠州的途中)。

严武去世,吐蕃入侵,四川又处战乱,765年,杜甫带家人顺江而下,在夔州滞留两年(荆州藩镇交战,不能前去),留下435首诗,占总数四分之一,如《咏怀》(765年)《秋兴》(765年)、《阁夜》(766年)、《登高》(767年)。

最后出川,目标是河南老家,到湖北、湖南漂泊两三年,写下《登岳阳楼》,770年写下《风疾舟中伏枕抒怀》,在长沙到岳阳的一条船上,悲凉的诗人停止了歌唱。

813年,孙子杜嗣业将杜甫的灵柩从岳阳归葬偃师。四十三年,漂泊的诗人,魂归故里!

## 三、杜甫代表作品

(一)漫游之诗有《望岳》;

(二)长安十年时有《前出塞》(其六)、《兵车行》;

(三)叛军俘获时有《月夜》《春望》;

(四)贬出长安时有《石壕吏》《羌村三首》;

(五)途径秦州时有《月夜忆舍弟》;

(六)成都之歌有《江畔独步寻花》(其六)(760年)、《水槛遣心》(其二)《春夜喜雨》(大约761年)、《闻官军收河南河北》(763年春)、《绝句》《客至》(764年)、《旅夜书怀》(765年);

（七）夔州歌咏有《阁夜》《咏怀古迹》（其三）《秋兴》
（其一）（766 年）、《登高》（767 年）；

（八）岳阳之歌有《登岳阳楼》（768 年）；

（九）绝笔之歌是《风疾舟中伏枕抒怀》（770 年）。

## 四、评论

古典诗歌从来没有这样深入地走向人民、走向现实生活，杜
甫诗是政治性和艺术性高度完美的统一，具有伟大的人民性。

感时伤逝，忧国忧民：表现在对祖国的热爱，对人民的热
爱，对亲人的思念，对统治阶级的抨击，对叛乱者的愤慨，对河
山分裂的痛苦，对和平的终极渴望。

一直遭受离乱，一生绝对漂泊，经历让诗情刻骨铭心，苦难让诗
才纯美成熟。好一个伟大的现实的诗人，让诗歌耸起另一座高峰。

### 杜　甫
#### 夏志雄

渔阳的地鼓
让帝国的天幕倾斜的时候
五谷成了
读书人的天空


你一路寻找野菜
和瘦妻饿儿冷风一起
你高挺着骨头
抒写山河
字字里滴着
百姓的血泪

饥饿一丝一扣

剥夺你的体温

剩下精神

站在那条

漏雨的船上


如果能假设

地鼓再次四面八方响起

还有多少文人

高举你的骨头

## 秦州行
### 夏志雄

伏羲，华夏民族的始祖。出身神奇，母亲华胥踩巨人脚印有孕，怀胎十二年，生来人首蛇身，遭遇无尽大雨不死，与女娲兄妹相合，繁衍出人类。

人类始祖，无所不能。观天象大地，演绎八卦，教民知天气，定方向；辨五方，从木里呼出花苗，教人第一次吃上熟食；合婚姻，别姓氏，让人类走向健康；定房屋，形成最早的村落；看蛛网，教民结网捕鱼；采桑叶，抽出第一根蚕丝；驯牲畜，发展原始畜牧业；造大弓，把力量射到天上；制琴瑟、做陶埙，让声音留驻原野；甚至熬草药，发展原始医药。因为是始祖，人类把崇拜集其一身，把文明成果集其一身。这是华夏民族的寻根意识，华族儿女自豪地说自己是龙的子孙，始祖蛇身就是注解。

两次瞻仰始祖的圣像，我惊叹于斜身松树把生命倾得如此坚韧，参云之大树把智慧托得如此高远，我似乎听到了历史的回音，感觉与始祖站得这样近，又是那样远啊！

南郭寺，就在天水市区的南山上。

站在南郭寺的庭院，我收获的是惊诧！

在我的想象中，南郭寺应该偌大无比：殿堂雄伟，建筑簇拥，雕梁画栋，香客不绝。到南郭寺瞻仰是我的奢望，五一，我终于站在了这里，站在了我多年的梦里。然而我并没沉浸在梦的涟漪里，我看到的是冷落，看到的是破败，匠人正用麦草和泥补修土墙强化了这个感觉。

庭前不知名字的花上蜜蜂飞舞，西边园里的牡丹开得正艳。

不知诗圣来到这里是什么情状，大概有一间茅屋挡风、有一块石头铺纸，诗歌就不会寂寞；大概有半碗饭吃，有一块土炕，诗人就不会寂寞，这一碑杂诗就是明证吧！

让历史记住的不是热闹，而是精神。历史没忘记诗人，松树没忘记诗人。

门前的那两棵松树相守相伴大约一千八百年后等住了满身风尘的诗人，让困顿寒冷的心灵暂得安宁；再过七百多年，又等住了我的诧异与无知。

原来，永恒的是不离不弃，是贫穷苦难中对文化的坚守。南郭寺，你还冷落吗？收藏裂缝的土墙，你需要水泥粉饰吗？

我的眼前是飞舞的蜜蜂，是开出自我的牡丹！

五月二日，麦积山，好几万人走向佛。

与麦积山两小时半的车距，今天才一睹真容！

现在，我就在麦垛下，但不能向前。

一小时半排队买好门票，一小时排队等待检票，还有一半距离，队前万头翘望。抬头看麦垛，上面密密麻麻的人如蚂蚁大小，但几乎看不到蠕动。要与佛零距离接触，可能没四个小时不行，现在已经接近下午一点。人太多，天太热，朋友开车在下面等太寂寞，我们拍了照就匆匆回了。

我不时回头看麦垛，钦佩古人把思想刻写在悬崖上，让人类的意志在悬崖上开出壮美的花朵。

山不在高，有水则活；山不在高，有文化则名。有山有水永远有人，一砖一石如何铺成千万级台阶，一瓦一木如何举起临风寺庙，这是人类的伟大，把文化保存在山顶，接受人类的万年的膜拜。没有比人的坚韧更高的山，佛在哪里？佛在山顶！佛在哪里？佛在人心！

旅游是机体疲劳而心神愉快的游戏，风景是初次见面而终生追忆的惊艳！麦垛，别了，我还会来阅读你四围青峰石崖松影；别了，天水，我还会来重温你初夏绿气一川柔风。

# 政治，诗人的终结；漫游，天才的重生
## ——李白研究

## 一、蜀中漫游

李白"十五观奇书""十五游神仙""十五好剑术"。二十岁前后，游历成都、峨眉山等处，并在匡山读书，二十五岁时"仗剑去国，辞亲远游"，离别故乡。出川时作有《峨眉山月歌》《渡荆门送别》《秋下荆门》。

## 二、家于安陆

李白离蜀后，漫游洞庭湖和湘水流域，经江夏、金陵至扬州，转入吴越，复回江夏一带，并到安陆。与高宗时宰相许圉师孙女结婚，定居安陆。稍后在襄阳结识孟浩然。此后又北游洛阳、太原。

## 三、移居山东

唐宪宗开元二十九年，他自安陆移居山东兖州。

## 四、迁居安徽

天宝元年，自兖州携家南下，再由吴中迁居安徽南陵。受吴筠举荐，被唐宪宗召见，写了《南陵别儿童入京》。

## 五、失意长安

"不屈己，不干人"，"平交诸侯"，于天宝三年（744 年）写下《行路难》（其一、其二）。

## 六、离京漫游

744 年春天，李白离开长安，于洛阳初见杜甫，又在汴州遇高适，三人同游梁宋。次年秋天三人又在山东北海太守李邕处相聚。李白与杜甫相处约半年，杜甫写有《与李十二白同寻范十隐居》。

## 七、十年漫游

和杜甫别后的十年，又游扬州、金陵、越中、宣城、秋浦；北游邯郸、幽州；西游梁苑、嵩山、襄阳等地，最后隐居庐山的屏风叠，写有《宣州谢朓楼饯别校书叔云》。

## 八、受骗遭贬

贬夜郎遇大赦。李白决定参加李光弼的部队，因病折回。宝应元年（762 年），六十二岁，病死族叔当涂县令李冰阳家。

小结：长安让李白清醒，漫游让李白收获。语言极端个性化："我寄愁心与明月，随风直到夜郎西。""狂风吹我心，西挂咸阳树。""大道如青天，我独不得出！""清风朗月不用一钱买，玉山自倒非人推。""蜀道之难难于上青天"。

排山倒海的气势："黄河之水天上来，奔流到海不复回""黄河西来决昆仑，咆哮万里触龙门""西岳峥嵘何壮哉！黄河如丝天际来""黄河落天走东海，万里写入胸怀间"。

## 李白
### 夏志雄

寒气冻结了天路

走出长安

你不孤独

只要躺在大地的怀抱里

饮酒赏月

飞翔的魂魄里

就有酒味月色


即使世界上

只剩下你一个人

还有烈酒当情人

有明月做读者

你是山河的儿子

有月有酒

诗歌永远不会寂寞

第五辑

群诗吟唱——谱曲填词

诗者歌也，诗歌源于生活实际，古诗与音乐两位一体，尤其是词更具有歌唱性，许多曲谱已失传。群诗吟唱是把音乐引入古诗教学，给学生耳目一新的感觉。群诗吟唱，能激活课堂：一是老师为经典古诗配曲并教给学生吟唱；二是老师填词谱曲，引导学生赏析，培养创新思维。

# 声 声 慢

1=F 4/4

李清照　词
夏志雄　曲

# 西 江 月
## （夜行黄沙道中）

辛弃疾 词
夏志雄 曲

1 = F  4/4

明月 别枝惊 鹊， 清风 半夜鸣 蝉。

稻花 香里 说 丰 年， 听取 蛙声 一

片。 七 八 个星天 外，

两 三 点雨山 前。 旧时 茅店 社 林

边， 路转 溪桥 忽 见。

# 永 遇 乐

## （京口北固亭怀古）

辛弃疾 词
夏志雄 曲

1=E　4/4

3 - - 2 3 | 5 - - - | 6·5 3 5 | 6 5 4 3 - |
千　　古江 山，　　英 雄 无 觅　孙 仲谋 处。

3·5 6 6 0 | 6 7 1 1 0 | 3 3 2 4 3 2 3 |
舞榭歌 台，　风 流 总 被　　雨打 风吹 去。

7 1 2 2 0 | 2 3 4 4 0 | 2 2 1 2 1 7 1 7 |
斜阳 草 树，　寻常 巷 陌，　人道 寄　奴 曾

1 - - - | 2·6 2 - | 2 2 1 2 3 - | 5 5 5 5 5 3 5 |
住。　　想 当 年，金戈 铁 马，　气吞 万里 如

6 - - - | 7·6 7 7 | 2·1 3 3 | 6 1 2 3 1·7 |
虎。　　元 嘉草草，封 狼居 胥，赢得 仓皇 北

6 - - - | 2 - - 3 2 | 1 - 7 1 7 5 | 6 - - - |
顾。　　四　十三 年，望中 犹　记，

2·3 5 3 | 6 - - - | 5 3 6 6 0 | 1 6 2 2 0 |
烽 火扬 州 路。　　可堪 回首，　佛狸 祠下，

$\underline{2\ 1}\ \underline{7\dot{6}}\ \underline{\overset{\frown}{5\ 0}}\ 3\ \mid\ \overset{\cdot}{6}\ -\ -\ -\ \mid\ 1\cdot\ \underline{\dot{6}}\ \overset{\frown}{\dot{1}\cdot\ \dot{2}}\ \mid$

一片 神鸦 社　　鼓。　　　　凭　谁　问:

$\underline{3\ 2\ 3}\ 3\ \underline{5\cdot\ 3}\ \mid\ \overset{\frown}{5\ 6}\ 6\ -\ \mid\ 6\ -\ 0\ 0\ \parallel$

廉颇老 矣, 尚　能　饭　　否?

# 忆 江 南

白居易 词
夏志雄 曲

1=G 2/4

```
1   1̂6̂ | 5  -  | 1.  2 | 5  3̂1̂ | 2  -  | 2  -  |
```
1. 江 南 好，　　风　 景 旧 曾 谙。
2. 江 南 忆，　　最　 忆 是 杭 州。
3. 江 南 忆，　　其　 次 忆 吴 宫。

```
3. 3 | 5. 3 | 2̂3̂ 1̂2̂ | 6  -  | 2  2  2  3 |
```
日　 出 江 花 红 胜 火，　 春 来 江 水
山　 寺 月 中 寻 桂 子，　 郡 亭 枕 上
吴　 酒 一 杯 春 竹 叶，　 吴 娃 双 舞

```
2  5̂6̂ | 1  -  | 1  -  | 6  0  0  5 | 3  5 | 6  0 ‖
```
绿 如 蓝。　 能　 不 忆 江 南？
看 潮 头。　 何　 日 更 重 游？

```
( 2  7̂6̂ | 5̂  -  | 5̂  - )
```
醉 芙 蓉。　 早　 晚 复 相 逢？

# 山　花　子

1=G $\frac{4}{4}$

李　璟 词
夏志雄 曲

菡萏 香 消 翠叶 残，西风 愁 起

绿波 间。 还与韶 光 共 憔 悴，

不堪 看。 细雨梦 回 鸡塞 远，

小楼 吹 彻 玉笙 寒。 多少泪 珠

何 限 恨， 倚栏 干。

# 相 见 欢

李　煜 词
夏志雄 曲

1=C 4/4

6 6 - 56 | i. 76 32 1. | 6 3 - - |
林 花　　谢 了 春 红，　太

76 3 - - | 2. 3 12 17 | 6. 5 6 - - |
匆 匆。　　无 奈 朝来 寒雨 晚 来 风。

2. 3 1 2 | 32 30 0 0 | 63 71 7 6 - |
胭 脂 泪，　相 留 醉，　　几 时 重？

2. 3 5 5 | 34 32 1 - | 6. 3 i 76 |
自 是 人 生 长　　恨　水　长

5 - - 3 | 2 03 12 17 | 65 6 - - ‖
东，　　水 长　　东。

# 相 见 欢

1=♭E 4/4

李　煜 词
夏志雄 曲

1· 6 56 11 | 1 - 2 - | 0 765 - |
无　言 独上 西楼，　月　　　如 钩。

1· 6 1 2 | 33 234 3 - | 6 - - 43 |
寂　寞 梧 桐 深院 锁清 秋。　剪　　　不断，

26 2 0 7 | 06 53 6 - | 2·2 22 123 |
理还 乱，　是　　离 愁。　别 是 一般 滋 味

i 7 6 - - ‖
在心 头。

# 望 江 南

李　煜 词
夏志雄 曲

1=♭E　2/4

```
1    7 6 | 5  - | 6· 5 | 6  2 | 2  - |
多少  恨，   昨 夜 梦 魂 中。

3   2 3 | 5  - | 6  5 6 | 1  - | 6  5 3 |
还    似   旧  时    游

2 3 1 6 | 5  - | 7·  6 | 5  3 5 | 6 5 6 |
上    苑，  车  如  流  水

2·  3 | 7·  5 | 6  - | 1 6 | 1  1 | 2 |
马    如  龙，  花 月

7 2 7 6 | 5 3 | 5·  5 | 5  - ‖
正    春 风。
```

# 望 江 南

1=G 4/4

温庭筠 词
夏志雄 曲

```
1  7 6 | 5  -  | 1 2 3 1 | 2  -  | 3 · 4 |
梳  洗  罢,    独 倚 望 江  楼。    过  尽
```

```
3 2 1 7 | 6 0 | 3 3 3 3 | 4 · 3 4 | 3  -  |
千 帆 皆 不  是,   斜 晖 脉 脉  水  悠  悠。
```

```
3  3 | 6  3 | 6  -  ‖
肠  断  白  蘋   洲。
```

# 浪淘沙令

李 煜 词
夏志雄 曲

1=F 4/4

6·1 21 1 - | 22 7·6 5 - | 5·6 13 2317 6 |
帘外雨潺 潺，春意阑 珊。罗衾不耐五 更 寒。

2 2 3 5 5 6 | 33 23 1 - | 22 27 63 56 |
梦里 不知 身是 客， 一晌 贪

5 - - - | 2·1 23 5·3 | 66 36 5 - |
欢。 独自莫凭栏， 无限江 山

5·6 13 2317 6 | 2 2 3 5 5 6 |
别时 容易 见时 难。 流水 落花

33 23 5 - | 22 27 63 56 | i - - - ||
春去 也， 天上 人 间。

# 苏 幕 遮

范仲淹 词
夏志雄 曲

1=F 4/4

碧 云天， 黄 叶地， 秋 色 连波,波上 寒烟
翠。 山 映 斜阳 天 接 水，
芳草 无情,更 在 斜阳 外。 黯 乡魂,
追 旅 思， 夜夜 除非, 好梦 留人 睡。
明 月 楼高 休 独 倚， 酒入 愁肠,化作 相 思
泪。

# 渔 家 傲

范仲淹 词
夏志雄 曲

1=C 4/4

6̇ 6 - - | 5̲4̲ 3̲2̲ 1 - | 6̇ 6 - - |
塞 下　　　秋来 风景 异，　　衡阳

1̲̇7̲ 6̲7̲ 3 - | 2̲1̲ 2 0̲3̲ 1̲7̲ | 6̇ - - - |
雁去 无留 意。　四面 边　声 连角 起，

1· 6̇ 1 2 | 3 - - 5 | 6· 2̇ 1̲̇7̲ 6̲3̲ |
千　嶂　里，　　　长 烟 落日 孤城

5 - - - | 6̇ 6 - - | 5̲4̲ 3̲2̲ 1 - |
闭。　　　浊酒　　一杯 家万 里，

6̇ 6 - - | 1̲̇7̲ 6̲5̲4̲ 3 - | 2̲1̲ 2 0̲3̲ 5̲7̲ |
燕 然　　未勒 归无 计。　羌管 悠　悠 霜满

6 - - - | 2̇ - - 1̲̇7̲ | 2· 3 1 2 |
地，　　　人　　不寐，将 军 白 发

3 5 6 - | 6 - - - ‖
征 夫 泪。

# 雨 霖 铃

柳 永 词
夏志雄 曲

1=G 4/4

5·6 321 5- | 61 21 23 76 | 3 35 65 35 5 |
寒 蝉 凄 切，　对长 亭晚，骤雨 初歇。都门帐饮 无绪，

2 76 61 76 | 3· - 21 23 | 5 5 3 6 632 |
留 恋处,兰舟 催　发。执手 相看 泪眼，　竟 无语凝

2 1· 21 2 | 23 76 61 76 | 53 5·0 0 |
噎。　念去 去，　千里 烟波,暮霭 沉沉 楚天 阔。

3 21 5- | 2·3 5- | 66 363 5- | 16 1 66 13 |
多　情 自 古 伤离　别，　更那 堪,冷落清秋

2 23 2·3 550 | 6 32 1 - | 65 16 5 - |
节! 今宵 酒醒 何处? 杨柳　岸，　晓风 残　月。

56 11 23 76 | 3 56 5 - | 2 23 76 7 |
此去 经年,应是 良辰 好景 虚 设。　便纵 有 千 种

61 75 6- | 2· 1 23 5 | 676 5 - - |
风　情，　更 与 何　　人　说。

# 念 奴 娇

（赤壁怀古）

苏 轼 词
夏志雄 曲

1=F  4/4

（简谱曲谱，歌词如下：）

大江　　东 去,浪淘 尽, 千 古 风流 人 物。

故 垒 西 边, 人 道 是,

三国 周郎 赤壁。　　　　乱石 穿空,惊涛 拍岸,

卷 起 千 堆 雪。　　　江 山 如

画,　　　一时 多 少　豪　　杰。

遥想 公 瑾 当　年,　　小乔 初嫁 了,

雄姿 英发。羽扇 纶巾, 谈 笑 间,

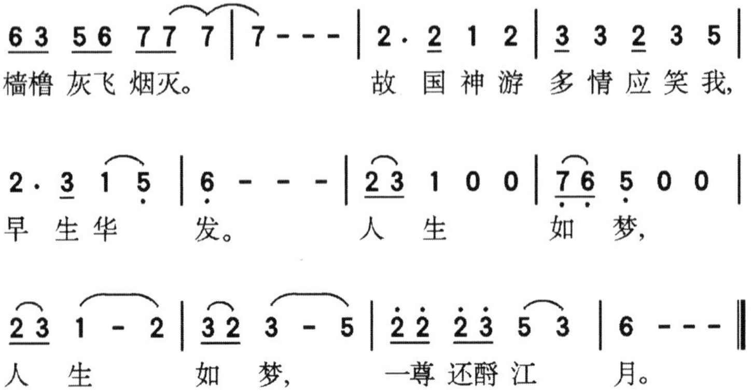
樯橹 灰飞 烟灭。 故 国 神 游 多 情 应 笑 我，
早 生 华 发。 人 生 如 梦，
人 生 如 梦， 一尊 还酹 江 月。

# 采 桑 子

欧阳修 词<br>夏志雄 曲

1=G 2/4

5 5 5 5 | 5 3 1 | 2 · 3 | 2 — | 6 5 3 | 2 3 1 |
轻舟 短棹 西 湖 好, 绿 水 逶 迤,

6 1 1 6 | 5 0 | 6 · 5 | 3 5 | 6 6 | 6 — |
芳草 长 堤, 隐 隐 笙 歌 处 处 随。

1 1 6 | 1 1 2 | 3 3 1 | 2 — | 2 · 3 | 5 5 6 |
无风 水 面 琉 璃 滑, 不 觉 船 移,

4 5 4 3 | 2 — | 7 7 7 6 | 5 3 | 6 0 ‖
微动 涟 漪, 惊起 沙禽 掠 岸 飞。

# 竹 里 馆

1=F 4/4

王 维 词
夏志雄 曲

独坐 幽篁 里， 弹琴复长

啸。 深 林 人不 知，

明 月来 相 照。 深 林

人 不 知， 明月来相 照。

# 想 亲 人

1=♭B　4/4

夏志雄 词曲

$\dot{1}$ - $6$ $\dot{2}$ | $\dot{1}$ - - - | $\dot{2}$·$\dot{2}$ $\dot{2}$ $\overset{\frown}{7\,6}$ | $5$ - - - |

隔　不　断　　　绵 绵 骨 肉　情，
阻　不　断　　　绵 绵 相 思　情，

$\overset{\frown}{2}$·$\underset{\_}{3}$ $5$ $6$ | $5$ - - - | $6$ $3$ $2$ $\overset{\frown}{1\,6}$ | $1$ - - - |

隔　不　断　　　绵 绵 骨 肉　情。
阻　不　断　　　绵 绵 相 思　情。

$\dot{3}$ $\dot{3}$ - $\underset{\_}{\dot{2}\,\dot{1}}$ | $\dot{3}$ $\dot{3}$ - - | $\dot{2}$ $\overset{\frown}{\dot{2}\,\dot{3}}$ $\overset{\frown}{\dot{1}\,6}$ $5$ | $6$ - - - |

亲 人　啊　亲 人，　心 儿 随 你　飞，
亲 人　啊　亲 人，　心 儿 随 你　飞，

$\dot{3}$ $\dot{3}$ - $\underset{\_}{\dot{2}\,\dot{1}}$ | $\dot{3}$ $\dot{3}$ - - | $\dot{2}$ $\overset{\frown}{\dot{2}\,\dot{3}}$ $\overset{\frown}{\dot{1}\,6}$ $5$ | $3$ - - - |

亲 人　啊　亲 人，　心 儿 为 你　碎，
亲 人　啊　亲 人，　心 儿 为 你　碎，

$2$·$\underset{\_}{1}$ $1$ $2$ $3$ | $5$ - - - | $\dot{6}$ $3$ $2$ $\overset{\frown}{1\,6}$ | $1$ - - - ‖

清 明 盼 相　会，　　共 饮 天 涯　泪。
清 明 再 相　会，　　共 饮 天 涯　泪。